FACULTÉ DE DROIT DE PARIS.

THÈSE POUR LE DOCTORAT

DES

DIVERS PÉCULES DU FILS DE FAMILLE
EN DROIT ROMAIN.

DE LA

SUCCESSION ANOMALE DES ASCENDANTS
EN DROIT FRANÇAIS.

L'acte public sur les matières ci-après sera soutenu le mercredi 13 février 1856, à 8 heures et demie,

Par **Augustin-Casimir TROUILLER**
Né au Bourg-du-Péage (Drôme).

PRÉSIDENT : M. ROUSTAIN.

SUFFRAGANTS...... MM. PELLAT, OUDOT, DUVERGER, Professeurs. FERRY, Suppléant.

Le candidat répondra en outre aux questions qui lui seront faites sur les autres matières de l'enseignement.

PARIS.
TYPOGRAPHIE HENNUYER, RUE DU BOULEVARD, 7, BATIGNOLLES.
Boulevard extérieur de Paris.

1856

A LA MÉMOIRE DE MA MÈRE,

A MON GRAND-PÈRE,

A MON PÈRE,

A MON FRÈRE, A MA SŒUR.

DROIT ROMAIN.

DES DIVERS PÉCULES DU FILS DE FAMILLE.

> Ubi est peculii nomen, ibi semper nodus vel scrupulus aliquis. (Cujas, in libro IX, *Quæst. Papin.*, L. *Eo tempore.*)

INTRODUCTION.

A Rome, la puissance paternelle ne se renferma point dès le principe dans les bornes que lui assignent la nature et le bon sens : elle prit aussitôt une immense extension. Elle absorba la personnalité civile des enfants, et se rendit maîtresse de leurs biens et de leur vie ; enfin, elle fut indéfinie dans sa durée, et le descendant, magistrat, époux ou père à son tour, subissait, malgré ces titres divers, l'autorité de son auteur, à moins qu'il ne plût à ce dernier de la briser lui-même par un mode légal.

Cette législation, si profondément empreinte de l'esprit despotique et féroce des premiers Romains, s'adoucit progressivement et finit par reconnaître aux fils de famille une individualité de plus en plus accusée. Leur existence et leur condition domestique furent protégées contre les abus de la puissance paternelle, et leur patrimoine tendit à se distinguer d'abord en fait, ensuite en droit, de celui de leur père.

Nous n'étudierons pas cette double transformation de la puissance paternelle, nous nous attacherons uniquement à préciser les caractères et l'étendue de celle qui rendit les fils de famille administrateurs d'abord, puis propriétaires de certains biens dont la masse formait le *pécule*.

Administrateurs : le pécule émanait alors du père de famille, libre de le reprendre à son gré. Il est dit *profectice*.

Propriétaires : le pécule comprenait, dans cette hypothèse, les biens acquis soit dans la vie militaire, soit dans la vie publique. Au premier cas, c'est le pécule *castrense*; au second, le pécule *quasi-castrense*. Gibbon, dans le chap. XLIV de son ouvrage, qu'il consacre à la jurisprudence romaine, les appelle du nom collectif de *professionalia*. Cette désignation n'est point usitée dans la doctrine.

Nous terminerons notre travail, dont le plan sera ainsi conforme, à peu près du moins, à l'ordre historique, en parlant d'un pécule intermédiaire appelé *adventice*, embrassant les biens soustraits aux pécules précédents, et dont le père a l'usufruit et le fils la nue-propriété.

CHAPITRE I.

DU PÉCULE PROFECTICE.

§ 1. — *Quels biens le composent.*

1. Quiconque, à Rome, n'était pas maître de sa personne était incapable d'être propriétaire, et voyait le bénéfice de ses acquisitions passer à celui dont il dépendait. Telle fut la condition primitive du fils de famille, analogue, en ce point, à celle de l'esclave. Cependant, dès une très-haute antiquité, ainsi que l'atteste un passage de Tite-Live (L. 2, n. 41), le père, plus humain que la loi, abandonna quelquefois à son enfant (fils ou fille) le produit de son travail et de son industrie, ou même confia à sa libre administration une somme de biens destinée à fructifier entre ses mains. Ainsi se trouva créée une sorte de patrimoine essentiellement précaire, instable, perpétuellement provisoire, subordonné dans son existence au jour le jour au bon plaisir du père. Ce fut le pécule profectice, né de la tradition réelle ou feinte des choses qui le composaient, né du dépouillement actuel et volontaire du père en faveur du fils (4 pr. et § 1, L. 8, *De pecul.* D.).

2. La concession du pécule est une des prérogatives inhérentes à la qualité de père, naturel, adoptif ou adrogeant (L. 2, *h. t.*; 7, *De pecul. leg.* D.), et si ce dernier perd pour cause de démence l'exercice de son pouvoir, le curateur excéderait ses droits en donnant un pécule au fils de l'insensé : il pourrait seulement lui laisser ou lui retirer la gestion du pécule déjà constitué (3, § 4, *De pecul.* D.).

3. D'où vient ce mot pécule? Ulpien (5, § 3, *h. t.*) croit en trouver l'origine dans l'adjectif *pusillus*, léger, insignifiant, épithète très-souvent applicable au pécule. Varron (*De Linguâ latinâ*, 15, 95) le fait dériver de *pecus*, troupeau, parce que le pécule consistait à l'origine principalement en taureaux, brebis. Festus reproduit cette étymologie, qui paraît assez vraisemblable, si l'on songe que le bétail, cette richesse à peu près unique d'un peuple naissant, devait être, dans les commencements de Rome, l'objet le plus naturel et le plus fréquent des libéralités des pères envers leurs enfants.

4. Avec le temps, le pécule devint plus varié dans sa composition; il comprit, comme tout patrimoine ordinaire, des meubles, des immeubles, des créances et des dettes (7, § 4, *De pecul.* D.). Il forma une collection de biens de toute nature, un être moral, ce qu'André Alciat appelle un *nomen juris et facti mixtum*: *nomen juris*, parce qu'il ne perd pas son nom même au cas où il y a plus de dettes que de biens; *nomen facti*, parce qu'il doit contenir au moins une chose corporelle ou incorporelle, sous peine de ne pas exister (Comm. sur la loi 120, *De verb. sign.* D.).

La présence de ce double caractère dans le pécule l'empêche d'être susceptible d'une revendication en masse, comme le serait un troupeau, *universitas rerum*. On devra donc procéder par une revendication individuelle de tous les objets qui le composent (M. Pellat, Comm. du titre *De rei vindic.* D., loi 56. — 6, *De leg.*, 2°).

5. Cet ensemble de biens est nécessairement sujet à des variations incessantes : aujourd'hui il augmente, demain il diminue. Le père en ignore les fortunes diverses, il n'intervient pas à chaque acquisition nouvelle dont il est présumé faire l'abandon à son fils. Il laisse, par exemple, le pécule se grossir des produits quotidiens des animaux et des esclaves qui en

font partie (65, *De legat.*, 2°; 7, § 2, *De pecul.* D.; 40 pr., *h. t.*)[1].

Désormais, en effet, les esclaves ne stipuleront plus, ne recueilleront plus d'hérédité de legs pour leur vrai maître, mais bien pour leur propriétaire par intérim.

§ 2. — *Administration du pécule.*

6. Le pécule n'était pas fait pour rester inerte entre les mains du fils de famille, mais il était donné, comme dit G. Noodt, *ad negotiandum magis quàm ad custodiendum.*

La vigilance, l'économie de son possesseur contribuaient surtout à sa prospérité (39, *De pecul.* D.). Venaient ensuite des opérations de commerce pratiquées sur une plus ou moins grande échelle.

Ce commerce était sédentaire ou nomade.

Il n'était pas rare de voir un fils de famille courir le monde et se livrer à des spéculations mercantiles. Il partait muni de marchandises qu'il tenait de son père ou qu'il avait achetées de l'argent de son pécule, *sciente patre.*

Plaute met en scène dans sa comédie du *Marchand* un de ces fils de famille revenu de ses pérégrinations commerciales, et il lui fait dire : *ita peculium conficio grande.*

7. Le fils de famille dédaigneux du négoce pouvait borner son activité aux actes ordinaires de la vie civile, devenus plus faciles pour lui à raison de la confiance qu'inspirait aux tiers l'existence du pécule. Toutefois sa liberté d'action était loin d'être entière : la direction qu'il imprimait à ses affaires devait être conforme à la destination vraisemblable du pécule. Ainsi, faire une donation n'eût certes pas répondu à l'attente du père, *non enim ad hoc ei conceditur libera peculii administratio, ut perdat* (7, *De donat.* D.). Il faut dire en outre, avec un ancien interprète (Ant. Faber, *De Error. pragm.*, dec. X, lib. III, e. 7), que le fils de famille ne peut donner ce qui, en définitive, ne lui appartient pas, et dépouiller son

[1] Cette alliance de bêtes et de gens nous choque aujourd'hui, mais elle paraissait fort naturelle aux Romains. Varron (*De Agric.*, 2, 10) range froidement les pâtres dans la classe des mulets et des chiens.

père malgré lui; une donation faite en accomplissement d'un vœu pieux eût elle-même été empreinte de nullité (12, § 1, *De pollicit.* D.). Des nécessités d'usage ou de position sociale et la permission paternelle particulière ou générale eussent fait cesser cette impossibilité de donner (7, § 2, 3, *De donat.* D.).

8. La donation n'était pas la seule libéralité interdite au fils de famille, il eût vainement affranchi un esclave de son pécule sans l'ordre du père, et même, chose remarquable, l'affranchissement autorisé épuisait aussitôt les droits du fils, et le père seul était le patron du nouvel homme libre (4, *De jure patron.* D.).

9. Le testament, ce privilége exclusivement attaché à la qualité de père de famille, est radicalement impossible au fils. Celui-ci mort, son pécule s'évanouit : comment pourrait-il réglementer la transmission d'un patrimoine disparu avec lui? L'autorisation du père, elle-même, eût été impuissante à lui conférer ici un droit de disposition suprême que la loi lui refusait politiquement. Puis, un testament toléré n'eût jamais été l'expression de la volonté intime et personnelle de son auteur.

10. Parmi les prohibitions que nous énumérons, se range un autre acte intermédiaire, analogue au testament par la suspension de ses effets translatifs de propriété, analogue à la donation entre vifs par la nécessité de la coopération de deux personnes à son accomplissement : c'est la donation à cause de mort. Ici le caractère de contrat prédomina; l'intérêt public n'était plus en jeu dans la question, et le fils de famille put faire cette sorte de libéralité du consentement de son père (125, *De donat.* D.).

11. On le voit, tout ce qui est étranger, tout ce qui nuit à la bonne administration du pécule est défendu au fils de famille. A ce titre, le jeu ne saurait lui être permis : ses pertes ne sont pas définitives, le père a le droit de répéter les sommes payées (4, *De aleat.* D.).

12. Il est d'autres actes d'un usage continuel, inséparables de toute gestion. Ces actes-là, le fils de famille les accomplira avec autant de latitude que s'il était *sui juris*; il pourra très-bien vendre, acheter, et nous voyons dans un texte relatif à

l'esclave, mais parfaitement applicable au fils de famille, que s'il est évincé, le double du prix qui lui sera alloué en indemnité de sa dépossession grossira d'autant le pécule, à moins que le père ne juge à propos de se l'attribuer (7, § 6, *De pecul.* D.).

13. Le fils stipulera, promettra et deviendra ainsi créancier et débiteur de tous, même de son père (L. 9, § 2, 3, 6; L. 17; L. 49, § 2, *h. t.*); il cautionnera valablement ce dernier comme un tiers; il donnera et recevra un mandat, il fera le pacte de constitut (15, *De in rem verso*); il contractera une société (9, *De compens.* D.), prêtera de l'argent, mais n'en empruntera que dans les limites du sénatus-consulte macédonien (11, *De in rem verso* D.; 6, *Ad S. C. Maced.*)

14. La novation lui sera permise. Il est apte à recevoir un payement ordinaire (24, *De jure dot.* D.). Il doit pouvoir accepter ce payement d'une autre nature qu'on appelle une novation (34, *De novat.* D.).

15. Confirmerions-nous un pacte *de non petendo* émané du fils de famille ? Les textes usent de distinctions raisonnables et disent que si ce pacte déguise une véritable donation, il faudra le briser, et le maintenir, au contraire, s'il a procuré en retour au fils de famille un avantage équivalent ou supérieur au bénéfice de sa créance (28, § 2, *De pact.* D.).

16. Ces principes sont-ils applicables en matière d'acceptation ? Cette libération que le créancier accorde à son débiteur sur l'interrogation de ce dernier a lieu *ipso jure* : celle qui résulte du pacte a lieu seulement *exceptionis ope*. Voilà la différence toute de procédure qui sépare ces deux actes, mais leurs conséquences définitives sont identiques.

17. La délégation qui consiste, dit Ulpien (3, § 11, *De nov.* D.), *vice suâ alium reum dare creditori, vel cui jusserit*, est valablement faite par le fils de famille (48, § 1, *De pec.*).

18. A ce droit d'aliéner à titre onéreux joindrons-nous celui de donner un gage, une hypothèque ? Ces deux droits étaient loin d'être la conséquence l'un de l'autre, à Rome surtout, où la loi Julia se montrait moins sévère pour l'aliénation que pour l'hypothèque de l'immeuble dotal. Cependant, deux textes admettent le fils de famille à donner un gage ou à hypothéquer *rem peculiarem*. Le premier (18, § 4; 19, *De pign. act.* D.)

pose le principe dans des termes généraux, le second (1, § 1, *Quæ res pign.* D.) exige que l'hypothèque et le gage soient exclusivement donnés, non pas à un créancier quelconque, mais à un créancier du pécule.

19. La dot, par la nature de sa destination, se rapproche moins de la donation que d'une aliénation à titre onéreux, et dès lors elle peut être constituée par la fille de famille, munie d'un pécule. Le texte où cette règle est consignée ajoute même qu'en cas de divorce la fille reprendra la dot sans le concours de son père (24, *De jure dot.* D.).

20. Si l'administration du pécule, renfermée dans les limites que nous avons tracées, donnait lieu à quelque litige, quels étaient alors les pouvoirs du fils de famille ? Les lois romaines lui reconnaissaient le droit de faire un compromis (3, § 8, *De pec.* D.), de déférer ou de prêter le serment (5, § 2, *De pec., h. t.*; 22, 23. *De jurejurando*), hors de toute instance ; mais elles ne voulaient pas qu'il portât son procès devant le préteur sans le consentement paternel.

Le fils de famille, en effet, ne puisait pas dans la concession du pécule le privilége de soutenir, comme demandeur, en justice, les droits qui s'y rattachaient.

Comment aurait-il pu revendiquer, lui qui n'était pas propriétaire, même de son pécule ? Comment aurait-il pu réclamer l'exécution d'une obligation, lui qui ne pouvait être créancier ?

La formule d'action eût menti à son égard : *Si paret rem esse ex jure Quiritium Auli Agerii esse... Numerium Negidium Aulo Agerio sextertium X millia dare opportere.*

Néanmoins, dans les cas où sa personnalité était plus particulièrement mise en jeu, le fils de famille pouvait agir en justice : c'était au cas de violence, d'injure, de dépôt et de commodat (9, *De obl. et act.* D.; 19, *De poss.* D.), et M. de Savigny conjecture (*Tr. de droit romain*, t. III, ch. II, p. 102, trad. Guenoux), avec une grande vraisemblance, que le fils, dans l'impossibilité où il était de se servir d'une formule *in jus concepta*, recourait à une formule *in factum*. Gaïus, en effet (4, § 46), nous montre précisément cette dernière formule appliquée aux actions *depositi*, *commodati*, c'est-à-dire celles qu'exerçait valablement le fils de famille.

§ 3. — *De l'action* de peculio *ordinaire.*

21. Les adversaires du fils de famille ne souffraient point de sa qualité, ils pouvaient l'actionner valablement [1], mais ils rencontraient aussitôt d'insurmontables difficultés dans l'exécution de la condamnation obtenue contre leur débiteur ; corps et biens, tout leur échappait dans ce dernier, car tout appartenait au p ère.

Les créanciers étaient donc désarmés ; ainsi le voulait le droit strict ; le père de famille put méconnaître impunément les engagements de ses enfants, en alléguant leur impuissance à l'obliger. Cette défense, appuyée sur la loi, fut écartée par le préteur, comme déloyale à l'égard des tiers de bonne foi. Le magistrat donna ici, comme en beaucoup d'autres circonstances, le pas à l'équité sur la loi ; il pensa que celui qui avait le profit de la gestion du pécule devait en subir les charges ; et présumant d'ailleurs, avec raison, que le père, en concédant le pécule avec pouvoir de l'administrer librement, l'avait tacitement affecté à l'acquittement des obligations du fils, il inventa une action dite *de peculio*, destinée à atteindre le père et restreinte au montant du pécule.

Le créancier se trouva dès lors en présence de deux débiteurs (44, *De pec.* D.), le fils pour le tout [2] ; le père, ou s'il était insensé, son curateur (3, § 4, *h. t.*), jusqu'à concurrence de la valeur du pécule.

Son action contre le premier était suspendue indéfiniment ; son action contre le second fut actuelle, immédiate.

22. L'action *de peculio*, avons-nous dit, est une création du préteur ; elle est *prætoria*. [Le Code Théodosien (lib. II, 1, 31) l'appelle *utilis*]. Elle n'est pourtant pas annale (Inst., 4, 12), elle emprunte tous ses caractères et sa durée à l'action

[1] Cujas, et d'autres auteurs après lui, avaient enseigné que la fille de famille ne s'obligeait pas valablement, mais M. de Savigny a très-bien réfuté cette opinion à l'aide de la loi 9, § 2, *Ad S. C. Maced.* Voir t. III, *Traité du droit romain*, trad. Guenoux.

[2] Le fils pubère, bien entendu : s'il eût été impubère, le père n'aurait été tenu que *quatenus locupletius peculium factum fuerit* (§ 4, *De pecul.*, D.).

qu'elle vivifie contre le père; elle n'a pas même de nom spécial, elle prend celui du fait juridique qui lui a donné naissance; elle s'appelle tour à tour action *empti de peculio*, action *depositi de peculio*. *Tot sunt actiones de peculio quot sunt rationes contrahendi* (Vinnius, *Inst.*, *De act.*, § 11); *actio de peculio non est specialis actio sed qualitas actionis* (Brunemann, *De peculio*).

23. Des contrats, en effet, et des quasi-contrats, surgit l'action *de peculio*. Les textes nous montrent le père poursuivi *de peculio*, à raison du dépôt, du commodat et du précaire qu'a reçus le fils (13, *De precario* D.; § 5, *De pec.* D.; 1, 42, *De poss.* D.; 3, § 4, *Commod.* D.), de la société qu'il a contractée, de la fidéjussion qu'il a acceptée (3, § 5, *De pec.* D.), du mandat qu'il a reçu ou donné (12, § 14 et 61, *Mandati*; 3, § 7, *De pec.* D.), des affaires qu'il a gérées (4, *De negot. gest.* D.), de la tutelle qu'il a administrée (7, *De tutelis* D.), à raison de la restitution d'une donation à cause de mort (19, *De don. mort. causâ* D.), ou d'une dot (53, *De sol. mat.* D.) que pourrait avoir à opérer un fils de famille, époux ou donataire, à raison d'une dette que le fils avait contractée envers celui dont le père a vendu l'hérédité (25, *De hered. vel act. vend.* D. 37; *De pec.*, D), à raison de la responsabilité qu'encourt le fils de famille *duumvir* pour ne pas avoir eu soin de faire donner bonne et suffisante caution par un tuteur (3, § 13, *De pec.* D.). Toutefois, l'action *de peculio* n'aurait pas été donnée contre le père à raison d'un dépôt ou d'un commodat s'il s'était uniquement agi d'une restitution en nature impossible à tout autre qu'au détenteur de l'objet, au fils de famille (38, *h. t.*). Le père n'aurait pas été obligé davantage de défendre à l'action *de peculio* contre un créancier qui lui aurait demandé une hérédité détenue par le fils : *quia non de peculio agatur, sed hereditas petatur* (36, § 1, *De hered. pet.* D.).

Tout ce qui précède nous montre que le pécule était une sorte de cautionnement général affecté à l'exécution de tous les engagements du fils de famille, qu'ils se rattachassent ou non à la gestion du pécule, qu'ils eussent été contractés ou non du consentement du père de famille (29, § 1, *De pec.* D.; 47, *h. t.*)

24. Quant aux obligations qui naissent des délits et des quasi-délits du fils de famille, elles ne sauraient atteindre en principe le pécule. Il n'est pas raisonnable de supposer que le

père en ait destiné les valeurs à la réparation des torts du fils, et qu'il ait ainsi voulu se rendre responsable de méfaits imputables à leur seul auteur.

La loi pourtant ne refusait pas toute satisfaction au créancier ; du temps de Gaïus encore (1, 140 ; 4, 77 et suiv.), il dirigeait une action noxale contre le père, et celui-ci avait alors la faculté de payer le montant de la condamnation ou d'abandonner son fils au poursuivant ?

Justinien abolit cette législation, réprouvée par le christianisme et déjà tombée en décadence dans le Bas-Empire : le créancier dut se contenter, afin d'arriver à son désintéressement, du moyen qui lui était offert, même au temps des actions noxales ; il dut obtenir d'abord une condamnation contre le fils, et, à l'aide de son jugement, d'où résultait un quasi-contrat, en poursuivre l'exécution sur le pécule (3, § 12, *De pecul.* D.).

Nous citerons, pour exemple de délit, le cas de vol, et, pour exemple de quasi-délit, celui de prévarication du fils de famille dans ses fonctions de juge (15, pr. *De judic.* D.), ou de sa négligence, en faisant tomber ou verser quelque chose de la fenêtre d'une maison qu'il occupe loin de son père[1] (1, § 7, *De his qui effud.* D.).

Le créancier n'eût pas eu besoin de prendre le détour que nous avons indiqué pour faire restituer au père le profit qu'il avait retiré du délit de son fils (3, § 12, *De pecul.* D.).

Quand les méfaits du fils ou de la fille de famille n'étaient pas rangés dans la classe des délits ou des quasi-délits, la réparation pouvait en être poursuivie *de peculio*, directement contre le père.

Par exemple, le fils vendeur avait-il dissimulé à l'acheteur les vices de la chose vendue, l'action édilitienne était alors donnée contre le père *de peculio* (23, § 4, *De œdil. edict.* D.).

Le fils ou la fille de famille avaient-ils soustrait à leur conjoint certaines choses, la *condictio de peculio* était donnée contre le père pendant le mariage (19, *De cond. furt.* D.); après le divorce, à la condiction était substituée l'*actio rerum amota-*

[1] Le fils avait le droit de se choisir un domicile distinct de celui de son père (3 et 4, *Ad municip.* D.).

rum (3, § 4; 6, § 2 *De act. rer. amot.* D.); après la mort de la fille, une action de cette nature n'atteignait plus le père que dans la limite de l'émolument que lui avait procuré le méfait de son enfant (3, § 4, *h. t.*).

25. L'action *de peculio* est une action *in personam*, car nous l'avons vu uniquement découler d'un contrat ou d'un quasi-contrat. Les commentateurs l'appellent encore *in rem scripta*, parce qu'elle se donne contre tout possesseur du pécule, par exemple, l'héritier externe institué par le père.

26. La loi romaine avait tâché d'entourer de très-fortes garanties l'action *de peculio* ; elle permettait de la cautionner (12 et 35, *De fidej.* D., 50, § 2, *De pecul.* D.); elle la dirigeait sous la forme d'une action *in factum* contre celui qui avait enlevé le père afin de l'y soustraire (55, *h. t.*; 5, § 1, *Ne quis eum qui in jus vocat* D.); elle refusait la *condictio indebiti* au père qui par mégarde avait payé plus qu'il n'y avait dans le pécule (11, *De cond. indeb.* D.); sans doute parce que le créancier n'avait, en définitive, reçu que ce qui lui était dû. Elle laissait subsister l'action, même dans le cas où la confusion avait semblé l'éteindre ; ainsi le père héritier du créancier devait, dans le calcul de la falcidie, imputer sur l'actif héréditaire les valeurs que l'action *de peculio* eût absorbées.

Seulement des controverses s'étaient élevées sur le point de savoir à quelle époque il fallait considérer la consistance du pécule. Était-ce à l'époque de la mort ? était-ce à celle de l'adition d'hérédité ?

Papinien (50, § 1, *De pecul.* D.), Gaïus (53, *Ad. leg. Falcid.* D.) et Marcellus (56, *h. t.*) considéraient l'époque de la mort ; Julien (83, *h. t.*) celle de l'adition d'hérédité.

Tout essai de conciliation serait vain et infructueux : la dissidence est flagrante. Marcellus l'avait lui-même signalée.

Les commentateurs ont pourtant tenté de mettre en harmonie ces textes divergents.

Cujas, en examinant la question, a reproduit trois interprétations, présentées par Accurse :

1° Il faut supposer la simultanéité du décès et de l'adition d'hérédité ;

2° Il faut supposer que le pécule est également riche aux *deux époques*.

3° Il faut considérer l'époque où le pécule est plus fort.

Cujas rejette les deux interprétations : il a raison.

La première suppose une concomitance de faits matériellement impossible ;

La seconde supprime la question. — Cujas s'attache à la troisième, et la fortifie de sa puissante argumentation ; il regarde la défalcation opérée en vertu de la falcidie comme contraire à la volonté du testateur, et il veut, afin de s'écarter le moins possible de cette volonté, considérer le pécule à l'époque où il est le plus considérable. J'aimerais mieux m'arrêter à l'époque de la mort : c'est alors que les dispositions testamentaires doivent avoir leur effet ; c'est donc alors aussi qu'il faut déterminer dans quelle mesure elles seront exécutées. Les événements ultérieurs doivent être impuissants à modifier cette détermination. C'est là, du reste, la doctrine des Institutes (2, 22, 2) ; c'est aussi celle dont il reste le plus de traces dans le Digeste ; mais il est probable que Justinien aura maintenu les textes favorables à sa théorie et supprimé ceux qui la contredisaient. La loi de Julianus lui aurait échappé : cette conjecture est d'autant plus vraisemblable que Marcellus indique la prédominance de la doctrine qui considérait l'époque de l'adition d'hérédité.

Enfin, si le père se cachait dans le but de se soustraire à l'action *de peculio*, le créancier trouvait dans l'occupation de ses biens (*missio in possessionem*), suivie de la vente après un certain délai, le moyen de vaincre son mauvais vouloir ou d'arriver à son payement.

A propos de ces rigueurs, les jurisconsultes se demandaient si elles seraient employées contre le père qui, malgré l'absence complète de toute valeur dans le pécule, s'obstinerait à se cacher.

Papinien dit non : « Peu importe, ajoute-t-il, que, même dans cette circonstance, la condamnation du père puisse résulter de l'injustice du juge : peu importe qu'une action future soit susceptible de cautionnement (50, *De pec.* D.). »

Le raisonnement de Papinien est très-sensé : si la première de ces deux objections était fondée, il serait possible de se faire envoyer en possession des biens d'un débiteur conditionnel ou à terme.

La seconde objection s'évanouit également par le motif que la *missio in possessionem* n'est pas une garantie analogue à la fidéjussion ; qu'à la différence de celle-ci, elle n'émane pas de la volonté du débiteur et suit toujours l'obligation. Ulpien cependant, contrairement à Papinien, accorde la possession des biens du père, et il en donne cette raison, que le pécule, aujourd'hui nul, peut, *inter moras litis*, se créer et présenter un actif appréciable (7, § 15, *Quibus ex causis in possess.* D.; 30, *De pecul.*, D.).

Cujas a concilié ces deux textes, en disant que si Papinien eût songé à la considération que fait valoir Ulpien, il eût répondu comme ce dernier, et que sa doctrine ne repose que sur la réfutation des deux objections qu'il s'était posées (*Comm. ad. lib.* IX, *Quæst. Pap.*, L. *Eo tempore*). Doneau a essayé de mettre en harmonie ces textes divergents, en disant que Papinien regardait comme certaine la pénurie absolue du pécule, qu'Ulpien, au contraire, la regardait comme douteuse (*De jure civili*, lib. XXII, cap. XI, § 8). Ulpien pourtant paraît bien supposer les mêmes faits que Papinien, *etiam si nihil in peculio fuerit.*

27. Si le créancier investi de l'action *de peculio* voyait ses droits puissamment garantis, le père ne restait pas pour cela sans protection : il pouvait se défendre de différentes manières, alléguer l'absence de tout pécule, sa perte toute fortuite [1], dire qu'il l'avait retiré sans dol à son fils, qu'il l'absorbait par ses créances personnelles, invoquer encore le pacte *de non petendo* conclu entre le fils et le créancier poursuivant (19, § 1, *De pactis* D.).

28. L'action *de peculio* est une de ces actions dont l'objet précis est indéterminé ou inconnu, et où *modo solidum, modo minus consequimur* (36, *De act.* Inst.).

Cette incertitude doit pourtant cesser, mais quand ? *Tempore rei judicatæ* (35, *De fidej. et mandat.* D. 30, *De pecul.* D.), au moment où la condamnation est prononcée. La sentence seule donne un droit acquis aux valeurs du pécule. Cela est si vrai que de deux créanciers, ce n'est pas celui auquel est dé-

[1] Cette perte ne serait pas opposable au créancier auquel le père aurait promis, par le pacte de constitut, ce qu'il y aurait dans le pécule (19, § 2, *De const. pecul.* D.).

livré le premier la formule, mais celui qui obtient le premier une condamnation, qui prime l'autre sur la distribution des fonds du pécule (10, *De pecul.* D.). Dans le cours du procès, le père, s'il est de mauvaise foi, aura le temps et le moyen d'opérer des soustractions. Le créancier, s'il parvient à les prouver, les fera annuler en sa faveur.

29. Le créancier a droit de se faire payer sur tout ce qui compose le pécule, et si l'affaire à raison de laquelle il poursuit le père a tourné à son profit, il joindra la quotité de ce profit au montant du pécule, il agira ainsi à la fois *de peculio* et *de in rem verso.*

Mais ici une dissidence s'élève entre les jurisconsultes romains. Gaïus (4, 73) et Justinien (4, 7, § 4), après lui, disent au juge de condamner d'abord le père à la restitution du profit qu'il a retiré de l'opération de son fils, et de ne prendre ensuite sur le pécule que le surplus de ce qui est dû au créancier.

Paul (19, *De in rem verso* D.) et Ulpien (3, § 1, *De in rem verso* D.) pensaient, au contraire, que le profit recueilli par le père tombait *ipso jure* dans le pécule, et que l'évaluation du juge se simplifiait en ne portant que sur une masse unique, celle du pécule tout entier.

Gaïus voulait donc deux condamnations; Paul et Ulpien n'en voulaient qu'une. Le créancier devait également s'accommoder de ces deux modes de procédure, qui lui procuraient absolument le même avantage pécuniaire.

Dans ces deux cas, il se trouvait, en réalité, agir à la fois *de peculio* et *de in rem verso.* Il lui était possible, toutefois, d'intenter séparément, soit l'action *de peculio,* soit l'action *de in rem verso,* et c'était à lui de voir si son intérêt exigeait le cumul ou l'isolement de ces deux actions.

Cujas a cru cependant, sur la foi de ces mots des Institutes (4, 7, 4) *licet una actio...*, que ces deux actions étaient inséparables l'une de l'autre, et que l'action *de in rem verso* ne s'intentait qu'à défaut de l'action *de peculio.* Vinnius a combattu, avec raison, je crois, cette opinion, et montré que la marche indiquée par Justinien était plus simple, plus commode, mais non exclusive de toute autre.

Le créancier voulait-il, par exemple, éviter le concours d'autres créanciers sur les valeurs du pécule, alors que sa part contributoire devait être moindre que la quotité du profit recueilli par le père dans l'affaire en litige ; il avait, certes, alors intérêt à intenter l'action *de in rem verso*.

Nous signalerons plus loin d'autres circonstances où cet intérêt sera plus manifeste encore.

30. Le concours des créanciers divers *de peculio* était la règle ordinaire ; mais ici, comme ailleurs, pouvaient s'exercer les droits de préférence reconnus par le droit romain.

Les créanciers de la dot ou du reliquat d'un compte de tutelle primaient les créanciers ordinaires, et si ceux-ci agissaient les premiers, ou leur action était écartée temporairement, ou bien ils donnaient caution, en recevant leur payement, de le restituer dans le cas où *inferatur posteà cum patre actio privilegii* (52, § 1 ; *De pec.* D.).

31. Ce n'était pas tout : le créancier agissant devait subir le prélèvement de ce que le fils devait au père ou aux personnes dont celui-ci gérait la tutelle, la curatelle ou les affaires (9, § 4, *h. t.*), et le prélèvement était opposable même aux créanciers privilégiés à raison de la dot et de la tutelle : *Nullum privilegium patri præponi cùm ex personâ filii de peculio convenitur* (52 pr., *De pec.* D.).

Ce droit de préférence n'a rien de choquant : le père a sans cesse à sa disposition les valeurs nécessaires à son désintéressement ; mais il les laisse, par tolérance, dans le pécule de son fils, et il serait inique et invraisemblable de voir dans sa conduite généreuse l'abandon de sa créance (9, § 4, *h. t.*).

Du reste, réduit à l'impossibilité d'agir contre lui-même *de peculio*, il se verrait inévitablement devancé par les autres créanciers, et il perdrait ainsi, le plus souvent, ce qui lui serait dû.

Il a donc fallu le considérer comme plus diligent que tout autre (9, § 2, *h. t.*).

On ne s'inquiète point de l'origine de la créance paternelle.

Peu importe qu'elle provienne d'un contrat ou d'un quasi-contrat, d'un délit même, d'un vol, par exemple.

A propos de la créance née d'un vol, nous avons à constater une singularité qui la distingue d'une créance ordinaire de ce genre. Elle sera restreinte à la valeur de l'objet volé et ne comprendra point le double et le quadruple de cette valeur à titre de peine (9, § 6, *h. t.*).

C'est ainsi que dans notre législation le Code pénal (art. 380) affranchit de toute peine le fils qui commet un vol au préjudice de son père, et ne le condamne qu'à des réparations civiles.

32. Le père était moins bien traité dans ses rapports avec les créanciers commerciaux de son fils, il ne pouvait alors s'adjuger qu'un dividende proportionnel au montant de sa créance. Si sa répartition paraissait injuste aux intéressés, il était poursuivi, à raison du surplus que réclamaient ceux-ci, par une action dite tributoire.

Il est vrai que le père, par un dédommagement naturel, ne subissait la condition d'un créancier ordinaire que relativement à la portion du pécule affectée au négoce du fils, et qu'autant qu'il avait été positivement instruit de ce négoce (5, § 11, *De trib. act.*, D.).

Il va sans dire que si le père, passant d'un rôle passif à un rôle actif, eût ratifié ou ordonné l'opération de son fils, il eût dû personnellement répondre de ses suites.

§ 4. — *Extinction du pécule.*

Nous avons assisté à la naissance et au développement du pécule, nous avons dit ses destinations diverses, son affectation aux créanciers du fils de famille : il nous reste à voir comment il meurt, selon l'expression d'un jurisconsulte romain (40, *De pec.* D.).

33. Le père retire, quand il lui plait, le pécule à son fils, qui n'en a jamais été ni propriétaire ni même possesseur (4, § 5, *De adq. vel amitt. possess.* D.), *pater dedit, pater abstulit* ; il ne doit pas, toutefois, sous peine de restitution immédiate, se permettre ce caprice légal en vue de dépouiller un créancier dont il prévoit les poursuites.

34. Le père de famille meurt, le pécule rentre aussitôt dans le patrimoine héréditaire par l'effet du rapport, et cela, quelle que soit la condition nouvelle de son possesseur, qu'il devienne *paterfamilias* ou qu'il passe sous la puissance de son père, si, par exemple, il était le petit-fils du défunt.

Le fils, cependant, n'est pas toujours dépouillé du pécule

qu'il a détenu pendant la vie de son père, il peut le conserver en vertu d'un legs (10, 26, *De pec. leg.* D.); mais, à moins de dispositions contraires, il tiendra compte à la succession des créances paternelles qui grèvent le pécule et le diminuent d'autant de plein droit (10, *h. t.*), sans pouvoir, en revanche, se prévaloir des créances qu'il avait lui-même contre son père (6, § 4, *h. t.*).

Il acquittera cette indemnité, soit par le payement d'une somme d'argent, soit par une réduction proportionnelle de son droit de propriété sur chacun des objets du pécule (6 pr., *h. t.*). Quant aux dettes ordinaires, le fils de famille, légataire de son pécule, devra les payer sur tous ses biens, absolument comme avant la mort de son père; mais désormais sa qualité de père de famille rendra possible l'exécution forcée de ses obligations. Les héritiers, en leur qualité de représentants du défunt, pouvaient être actionnés *de peculio* dans la mesure de leur part héréditaire. La loi protégea leurs intérêts en leur permettant d'exiger du fils de famille la caution de les défendre contre les poursuites des créanciers du pécule (18, *h. t.*, 1, § 7; *Quando de pec.* D.). Elle poussa la faveur plus loin, et les autorisa à retenir avant la délivrance du legs ce qui leur était dû (6, § 5, *De pec. leg.*).

La même caution était exigée de l'étranger légataire du pécule.

En revanche, l'héritier qui avait le droit d'opérer le recouvrement des créances du pécule était forcé d'en tenir compte aux légataires de ce pécule (5, *h. t.*).

35. Outre la mort du père, la déportation anéantit le pécule qui, avec les autres biens du condamné, passe au fisc (1, § 4, *Quando de pec.* D.). Si ce même fisc, agissant comme créancier du père, faisait vendre ses biens, il ne pourrait point, au préjudice du fils, englober dans sa poursuite les valeurs du pécule; ainsi l'a voulu Claude (3, § 4, *De minor.* D.).

La déportation du fils entraîne encore la confiscation du pécule au détriment du père (3, *De bonis proscript.* C.).

36. Le pécule disparaît encore dès que le fils devient indépendant, soit par l'émancipation, soit par les dignités sacerdotales dont il est revêtu (Ulp. *Reg. jur.*, 10, § 5; Aulu-Gelle, *Nuits attiq.*, liv. I, ch. XII), soit même plus tard par l'exercice

des fonctions qui affranchissaient de l'obligation d'être membre de la curie (nov. LXXXVII, cap. I et II).

Où va le pécule alors? Il entre dans le patrimoine du fils, si on ne le lui enlève pas expressément (32, § 2, *De donat.* D.).

§ 5. — *De l'action* de peculio *annale.*

37. Régulièrement à l'extinction du pécule devrait cesser, faute d'objet, toute action *de peculio*; mais cette extinction peut survenir inopinément et surprendre le créancier le plus diligent, celui surtout qui ne peut point agir, le créancier à terme et le créancier conditionnel.

Le préteur a complété son œuvre d'équité en déclarant qu'au pécule survivrait une sorte d'action posthume dont la durée serait d'une année utile. Cette action sera dirigée, suivant les cas, contre le père, le fisc (1, § 4, *Quandò de pecul.* D.), ou le légataire étranger du pécule (9, § 8, *De interr.* D.).

Cette action sera même réduite à six mois de durée, si, au lieu d'être perpétuelle à l'époque de l'existence du pécule, elle n'était que temporaire, les textes citent l'action rédhibitoire pour exemple (2, *Quandò de pecul.* D.).

Une fois ces délais divers expirés, le créancier aura encore, si l'affaire qu'il a contractée jadis avec le fils de famille a tourné au profit du père, la ressource d'actionner ce dernier *de in rem verso* (1, § 10, *h. t.*).

Voilà un cas, outre celui que nous avons cité plus haut, où l'action *de in rem verso* est exercée isolément de l'action *de peculio*.

CHAPITRE II.

DU PÉCULE CASTRENSE.

§ 1. — *Sa composition.*

38. La condition pécuniaire du fils de famille resta telle que nous l'avons exposée pendant toute la république : elle s'améliora sous les empereurs. Le nouveau gouvernement, désireux

de s'attacher des armées qui, suivant l'expression de Montesquieu, pouvaient mettre leurs services à un si haut prix, les combla de faveurs. La maxime vantée par Cicéron (*De Officiis*, 1, 22), *cedant arma togæ*, fut renversée. Juvénal put s'écrier :

> Quis numerare queat felicis præmia, Gallo,
> Militiæ. (Sat. XVI.)

De tous ces priviléges, le plus audacieux fut celui qui accorda au fils de famille militaire la pleine propriété de ce qu'il aurait acquis au service, et le droit d'en disposer par un testament affranchi des formes ordinaires.

Cette innovation, dont se ressentit la législation tout entière, fut l'œuvre successive d'Auguste, de Titus, de Domitien, de Nerva et de Trajan (1 pr., *De testam. milit.* D.); Adrien en étendit le bénéfice aux vétérans qui avaient honorablement reçu leur congé (Inst. 2, 12 pr., 26, § 1, *De testam. milit.* D.).

Un pécule surgit alors, mais bien différent de celui de la république, il constitua le patrimoine propre et inviolable du fils de famille, inaccessible au père et à ses créanciers. Ce fut le pécule des camps, le pécule castrense, ainsi appelé pour le distinguer du pécule profectice, qui, par opposition, reçut le nom de *paganus*. Cette expression *paganus* se rencontre dans la loi 37, Code, *De inoff. test.*

39. Paul définit ainsi le pécule castrense : *quod in castris adquiritur vel quod proficiscenti ad militiam datur* (Sent. 3, 4, § 3). Macer ajoute : *quod nisi militaret, adquisiturus non fuisset* (11, *De cast. pecul.* D.).

Ces deux textes nous indiquent à quel double signe nous reconnaîtrons si tel objet appartient ou non au pécule.

Voici la règle : le pécule castrense est une fortune d'origine exclusivement militaire ; nous en retrancherons tout ce que le fils de famille ne devra pas uniquement à sa profession d'homme de guerre.

Nous y comprendrons dès lors :

1° Tout ce que le fils emporte au camp, grâce aux libéralités de son père, de sa mère, de ses proches, de ses amis (1, *De cast. pecul.* C.). Les immeubles, au contraire, donnés au fils au moment de son départ pour l'armée seront en dehors du pécule (4, *Fam. ercisc.* C.) ;

2° Sa paye, ses armes, son équipement, le butin pris sur l'ennemi, ses acquisitions mobilières ou immobilières faites au moyen de l'argent, des esclaves du pécule (3, 15, § 3; 18 pr., 19, § 1, *De cast. pecul.* D.);

3° Les successions testamentaires que le fils tiendra de ses compagnons d'armes connus au régiment (5, *De cast. pecul.* D.).

Si le camarade défunt est un agnat, Scévola doute que la succession doive tomber dans le pécule castrense, et il ne répond affirmativement qu'autant qu'il serait prouvé que la vie commune des camps a resserré l'amitié des deux parents. Papinien s'attache à une autre distinction et répond favorablement au fils de famille, si le testament est postérieur à la présence des deux parents dans le même corps (19, *De cast. pecul.* D.).

Papinien rejetait absolument du pécule castrense l'hérédité qu'un militaire laisse à son cousin germain, soldat comme lui, mais dans une province autre que la sienne (16, *h. t.*).

La décision serait inverse si les deux cousins servaient sous le même drapeau. Leur communauté de vie, de dangers et de fatigues rendait alors toute naturelle cette libéralité (4 *De cast. pecul.* D.).

40. Mais supposons le fils de famille militaire institué héritier par sa femme.

Ici Papinien (13, *De cast. pec.*), en désaccord avec Ulpien (8, *h. t.*), attribue au pécule castrense le bénéfice de cette succession. Il se fonde sur un rescrit d'Adrien.

Cujas (*Comm. Pap. ad leg.* 16, *De cast. pec.*) et Pothier (*De cast. pec.*, 1,4), ont concilié les deux jurisconsultes en disant qu'Adrien avait dérogé, en faveur des militaires, à la loi Papia Poppæa qui punissait les femmes de leur stérilité en leur interdisant toute libéralité à leur mari.

41. Quant aux autres libéralités, émanées soit de l'épouse, soit des personnes dont on ne doit pas la connaissance à la pratique des armes, il faudra rechercher si le donateur a obéi uniquement à son affection particulière ou s'il a voulu aider le militaire à subvenir aux charges de son état (3, 6, 8, *De cast. pec.* D.).

Dans ce dernier cas seulement la donation enrichira le pécule. Cette appréciation sera inutile à l'égard de la dot, sa destination bien connue empêchera de la placer dans le pécule castrense (16, *h. t.*).

§ 2. — *Droits du fils sur le pécule castrense.*

42. Le possesseur du pécule castrense jouit à son égard de tous les droits d'un père de famille sur son propre patrimoine; il en a la possession légale qui conduit à l'usucapion (4, § 1, *De usurp. et usuc.* D.); il en a la propriété perpétuelle, il ne la perd ni par l'émancipation ni par l'adoption [1] (12, *De cast. pec.* D.), ni par la mort de son père, à la succession duquel il n'est point obligé de le rapporter (1, § 5, *De coll.* D.).

43. Il le défend en justice, malgré son père (4, § 1, *De cast. pec.* D.), contre son père (4, *De jud.* D.). S'il emprunte de l'argent, le sénatus-consulte macédonien n'arrête pas son créancier dans ses poursuites sur le pécule castrense (1, § 2, *Ad S. C. Maced.* D.).

44. Il peut faire des donations entre-vifs ou à cause de mort, affranchir des esclaves dont il devient le patron (6, *De cast. pec.* D. 8, *De jure patron.* D.), soit entre-vifs, soit par testament, pourvu, dans ce dernier cas, qu'il fût âgé de vingt ans au moins (3, *De manum. test.* [2]). Le testament lui est encore permis, soit *jure communi*, soit *jure proprio*, c'est-à-dire indépendamment des formes ordinaires, s'il est encore militaire, ou s'il n'a cessé de l'être que depuis moins d'un an au moment où il trace ses dernières volontés.

Ce *jus proprium*, c'est l'absence des formes ordinaires, c'est la stabilité du testament malgré la *capitis diminutio* survenue à son auteur postérieurement à sa confection (22, *De test. milit.* D.); c'est encore la faculté qu'a le testateur de ne point embrasser dans sa dernière disposition la totalité de son patrimoine (6, *De test. milit.* D.)

L'héritier institué du fils de famille militaire jouissait en outre de certains priviléges, il n'avait point à redouter le retranche-

[1] Le père de famille lui-même qui s'est donné en adrogation ne perd point la libre disposition des biens qu'il avait acquis dans les camps avant l'adrogation (1, § 2, *De cast. pecul.* D.).

[2] Le fidéicommis aussi à plus forte raison (111, *De legat.*, 2°).

ment de la falcidie (12, *De test. milit.* C.; 7, *Ad legem Falcid.* C.) et la plainte d'inofficiosité (9, 37, *De inoff. test.* C.).

Les textes lui concèdent encore l'exercice du droit commun ; il obtiendra la possession de biens (3, § 5, *De bon. poss.* D.), l'interdit *de tabulis exhibendis* (1, § 8, *De tab. exhib.* D.), il intentera la pétition d'hérédité (34, pr. *De hered. petit.* D.). L'emploi de cette dernière action est remarquable ; il était refusé au légataire du pécule profectice, lequel se trouvait réduit à une revendication isolée de chacun des objets de son legs. L'héritier pouvait encore invoquer le principe : *hereditas personam defuncti sustinet*, et, en conséquence, profiter des stipulations que l'esclave castrense aurait faites ou des legs qu'il aurait reçus dans l'intervalle du décès et de l'adition d'hérédité (33, pr., *De adq. rer. dominio*). Telle était sur ce dernier point la doctrine d'Ulpien. Papinien a suivi le système directement inverse dans la loi 18, pr., *De stip. servor*, où il suppose un esclave castrense commun au fils de famille et à Mævius : cet esclave stipule avant l'adition d'hérédité. Le bénéfice de la stipulation sera, selon Papinien, entièrement attribué à Mævius, et cela parce qu'il est impossible que l'hérédité du fils de famille, qui n'existe que par l'adition, profite d'une stipulation antérieure à cette adition. Papinien, dans un autre texte, tiré pourtant du même ouvrage que la loi 18 précitée, repousse sa première opinion et se rallie à celle d'Ulpien. *Quod ad scriptos heredes*, dit-il, *in suspenso fuisse traditio itemque stipulatio intelligatur, ut enim hereditarius fuisse credatur post aditam hereditatem* (14, *De cast. pec.*). Tel était aussi l'avis de Tryphonius (19, § 5, *h. t.*).

Mais si l'héritier institué ne fait pas adition, le père, ainsi que nous le dirons plus loin, reprend les biens du fils, *jure peculii*, et il est censé en avoir toujours été propriétaire, *retro videtur habuisse dominium* (19, § 2 *in fine*, *De cast. pec.* D.).

Cette rétroactivité se conçoit quand elle embrasse tout le temps qui s'est écoulé depuis la naissance du pécule jusqu'à la mort du fils de famille, mais elle semble peu justifiable si on l'applique à la période qui sépare le décès de la répudiation de l'hérédité. Durant cet intervalle, on ne saurait dire que la propriété du pécule ait résidé sur la tête du père, sinon il faudrait en conclure, en cas d'adition, que cette propriété a passé du père aux héritiers, ce qui est absurde, car ceux-ci tiennent directement leurs droits du défunt.

Tryphonius s'était fait cette objection, et cependant il s'était déterminé, après quelques hésitations, dans le sens de la rétroactivité absolue (19, § 5, *De cast. pec.*). En conséquence, il décidait avec Ulpien (33, *De adq. rer. dom.* D.) que la stipulation faite, ou le legs reçu par l'esclave castrense, dans l'intervalle du décès et de la répudiation de l'hérédité, profiteraient au père.

Papinien (44, *De cast. pec.* D.) fit une distinction entre le legs et la stipulation. Le legs, il l'accorda au père, car la validité d'un legs ne s'apprécie qu'à l'époque où il se fixe sur la tête de celui qui doit le garder.

Quant à la stipulation, dont l'efficacité se détermine d'après l'époque où elle a lieu, il en refusa le bénéfice au père, car l'esclave qui en était l'auteur n'appartenait point au père au temps où elle avait été faite.

Cela dit, Papinien continue ainsi : *Sed paterna verecundia nos movet, quatenùs est in illâ specie, ubi jure pristino apud patrem peculium remanet, etiam adquisitio stipulationis per servum fiat.*

Cette seconde partie du texte détruit la première ; aussi Cujas a-t-il pensé qu'elle n'appartenait pas à Papinien, mais qu'Ulpien l'avait ajoutée en manière de note, afin de mettre la doctrine de Papinien en harmonie avec la sienne.

§ 3. — *Des droits du père sur le pécule castrense.*

44. La loi romaine n'assimilait pas tout à fait à un étranger le père du fils de famille possesseur d'un pécule castrense, elle comparait quelquefois sa situation juridique vis-à-vis du pécule à celle d'un interdit vis-à-vis ses propres biens, à un interdit qui, sans pouvoir rendre sa condition pire, peut la faire meilleure. Elle lui permettait d'acquérir des servitudes aux fonds du pécule ou de les en affranchir (18, § 3, *De cast. pecul.*), ce que n'aurait pu faire un étranger, un *non dominus* (pr., *Communia prædiorum*).

45. Elle allait plus loin, elle validait tous les actes de pro-

priété que le père avait faits et dont le résultat ne devait se produire qu'après l'époque où le pécule castrense s'était évanoui.

Tant que le fils vivait, ses droits se trouvaient ainsi sauvegardés.

Exemple : Le père affranchissait par testament ou léguait l'esclave du pécule castrense ; si à la mort du père, c'est-à-dire si, à l'époque où le testament devait recevoir son exécution, le fils était prédécédé, l'affranchissement et le legs étaient valables ; ils étaient nuls, au contraire, si le fils survivait à son père (18, § 1, *De cast. pecul.* D.).

46. Mais quant aux actes de disposition qui entraînaient une aliénation immédiate des objets du pécule, ils étaient nuls *ab initio*.

C'est que le père devait, tant que son fils vivait, respecter le pécule castrense comme le patrimoine de tout autre homme ; s'il y touchait, il commettait un vol (52, *De furtis* D.) ; s'il donnait en payement un des objets qui le composaient, il payait avec la chose d'autrui (98, § 3, *De sol. et lib.* D.) ; si, à propos d'un objet indivis du pécule, il intentait l'action *communis dividendo*, le fils était recevable à demander le renouvellement du partage ; enfin, s'il affranchissait entre-vifs un esclave castrense, la manumission était non avenue et restait sans effet, même après la mort du fils décédé sans testament (19, § 4, *De cast. pecul.* D.). Cet esclave, *filio salvo*, était comme l'esclave d'autrui vis-à-vis du père ; si le père l'instituait héritier, cet esclave ne devenait pas libre et héritier, double qualité qu'il eût acquise s'il lui eût appartenu.

Cet esclave rendait héritier son maître : ce maître, c'était le fils de famille, devenu héritier de son père, et, par conséquent, héritier nécessaire (18 pr., *h. t.*).

47. On le voit, la personnalité du fils était toute-puissante et complétement indépendante de celle du père.

Ne nous étonnons donc pas de voir les textes nous présenter le père adversaire de son fils en justice (4, *De judiciis*); son vendeur ou son acheteur dans un contrat de vente (2, *De contr.*

[1] Toutefois, le préteur devrait, *cognitâ causâ*, autoriser le fils à appeler son père en justice. (8, *De in jus voc.* D.)

empt. D.); son promettant ou son stipulant dans une stipulation relative au pécule castrense (15, § 2, *De cast. pecul.* D.).

§ 4. — *Retour du pécule castrense au père.*

48. Cette proposition : le fils de famille est un père de famille à l'égard de son pécule castrense, a besoin d'un correctif qu'avaient signalé les lois romaines. Le père de famille a des héritiers légitimes, le fils de famille n'a que des héritiers institués, s'il n'use point du privilége de tester, ou si les héritiers institués ne font point adition. Le père reprend les biens du pécule *non quasi hereditas, sed quasi peculium* (2, *De cast. pecul.* D.; 5, *h. t.* C.), absolument comme il eût repris au décès de son enfant les biens du pécule profectice.

49. On aperçoit les conséquences de cette résurrection du droit commun : le père payera les dettes *intrà vires peculii*, et seulement dans l'année utile; mais s'il était institué héritier dans le testament de son fils, nous lui imposerions toutes les obligations de son titre et nous le dirions tenu des dettes *ultrà vires peculii* et des legs *ad finem peculii* (17, pr. et § 1, *De cast. pecul.*); seulement il retiendrait la quarte falcidie, si la date du testament était postérieure au moins d'un an au congé du fils de famille. Le père de famille chercherait en vain à se soustraire à toutes ces rigueurs en répudiant la succession testamentaire, et en se contentant de sa qualité de père pour reprendre les biens *jure peculii* (*Id., h. t.*).

Il n'en serait pas moins traité comme un héritier du droit civil vis-à-vis les créanciers et les légataires.

50. Le père garda son privilége jusqu'à Justinien; mais cet empereur lui préféra les enfants et les frères et sœurs du défunt.

Le fils de famille eut ainsi des héritiers légitimes dans l'ordre desquels le père occupa le troisième rang. Mais à quel titre le pécule lui fut-il dévolu? fût-ce en qualité de père, fût-ce en qualité d'héritier? Les Institutes disent : *Ad parentes* JURE COMMUNI *pertinebit.* Les commentateurs anciens et modernes ont discuté sur le sens véritable de ces mots, *jure communi.* Cujas, reproduisant à peu près les expressions de Théophile, dit : *Jure communi, id est quasi peculium paganum.* Vinnius s'élève avec force contre cette interprétation : « S'il était vrai, dit-il avec raison, je crois, que les biens castrenses retournassent au père *jure peculii,* nul ne pourrait le primer dans la succession de ces biens, et qu'on ne dise pas que le droit du père, assoupi en cas de survie des enfants, des frères et sœurs du défunt, se réveille dès que ceux-ci font défaut ; ce raisonnement s'évanouit en présence des termes qu'emploient les textes : *jus ordo successionis.* »

Sous le nouveau système successoral des novelles CXVIII et CXXVII, cette controverse perdit son intérêt : le père fut certainement alors un héritier ordinaire ; il s'éleva du troisième degré au second, et concourut avec les frères et sœurs germains.

CHAPITRE III.

DU PÉCULE QUASI-CASTRENSE.

Quels biens il comprend.

51. Jusqu'à Constantin, la profession militaire offrit seule aux fils de famille le moyen de se créer un patrimoine détaché de celui de leur père. Sous le nouvel empereur, on comprit que les défenseurs de l'Etat n'étaient pas tous dans les armées, et que ceux qui servaient leur pays dans la vie publique méritaient aussi les faveurs de la législation.

52. En 321, Constantin décida que les palatins, c'est-à-dire les divers dignitaires du palais, acquerraient la pleine propriété de ce qu'ils gagneraient dans l'exercice de leurs fonctions, soit par leurs économies, soit par les libéralités du prince (*De cast. omn. pec.* C.). Le même privilége fut concédé par Honorius et Théodose, en 422, aux avocats (4, *De adv.* C.) et aux assesseurs des administrateurs ; par Léon et Anthémius, en 469, aux évêques et aux clercs (34, *De episcopis* C.).

53. Ces derniers comprenaient dans leur pécule castrense,

non-seulement les émoluments attachés à leurs fonctions, mais encore toutes leurs acquisitions, quelle qu'en fût la cause. Enfin, Justinien constitua un pécule castrense aux proconsuls, aux préfets des légions, aux présidents des provinces, aux *agentes in rebus*, dont Godefroy, dans son Commentaire sur le titre XXVII (liv. VI) du Code Théodosien, résume ainsi les fonctions: *Missionibus principis parebant, litteras perferebant, principis jussis obsecundabant*, aux médecins du prince, aux professeurs d'arts libéraux, à tous ceux, en un mot, qui sont rémunérés par l'Etat, ou même reçoivent des dons de l'empereur ou de l'impératrice (7, *De bonis quæ lib.*). Tous ces hommes furent, en quelque sorte, les soldats de la paix; ils formèrent une *militia urbana, togata*, en regard de la *militia armata, sagata*[1]. Leur pécule s'appela quasi-castrense.

54. Ce nom de pécule quasi-castrense se rencontre plus d'une fois dans les Pandectes, et toujours voisin immédiat de celui de pécule castrense.

Mais nous croyons avec beaucoup d'auteurs qu'il est une création de Constantin, qu'il n'appartient pas aux jurisconsultes classiques dont le Digeste a rassemblé les écrits. En effet, les commentaires de Gaïus et les sentences d'Ulpien ne le mentionnent pas. Sa citation dans la compilation de Justinien est l'œuvre de Tribonien.

Vinnius et Cujas ne sont pas de cet avis; ils pensent que Justinien a voulu faire allusion aux citations que nous trouvons suspectes, par les mots *anteriores leges*, du paragraphe 6 (liv. II, tit. XII), où cet empereur fait remonter à des lois antérieures à son époque l'établissement du pécule quasi-castrense.

Mais ces lois peuvent très-bien être antérieures au siècle de Justinien, sans être pour cela contemporaines des jurisconsultes dont le Digeste a résumé les ouvrages.

55. Ce que nous avons dit sur les droits respectifs du père et du fils sur le pécule castrense pourrait se répéter à l'occasion du pécule quasi-castrense. Cela est vrai surtout au temps

[1] Je rencontre cette expression *sagata* dans Heineccius (*Elem. juris Just.*, lib. II, t. IX, § 474). Elle dérive du mot *sagum*, qui, dans les auteurs latins, signifie vêtement de guerre, et que La Fontaine a francisée quand il a dit de son paysan du Danube:

Portoit sayon de poil de chèvre.

de Justinien ; avant cet empereur, les proconsuls, les préfets des légions, les présidents des provinces, les évêques, tous les grands dignitaires avaient seuls le droit de tester (37 pr., *De inoff. test.* C.).

Justinien a généralisé ce droit au profit de quiconque avait un pécule quasi-castrense (Inst., pr. 6, tit. XII, lib. II, et 12, *Qui test. facere possunt* C.) ; mais il ne dispensa pas ici le testateur de l'emploi des formes ordinaires, *communi et consueto ordine.*

CHAPITRE IV.

DU PÉCULE ADVENTICE.

§ 1.—*Son objet.*

56. Quatre ans avant la création du pécule quasi-castrense, Constantin avait notablement amoindri les avantages de la puissance paternelle. Cette fois, la réforme législative avait favorisé tous les fils de famille, sans distinction de profession.

Constantin, et à sa suite Arcadius et Honorius, Théodose et Valentinien, Léon et Anthémius, avaient transformé en usufruit la propriété que les pères avaient sur les biens recueillis par les enfants dans la succession de leur mère (1, *De bonis mat.* C.), de leurs ascendants maternels (2, *h. t.*), ou qu'ils tenaient de leur conjoint ou de leur fiancé (1, 4, 5, *De bonis quæ lib.* C. 57.)

Justinien alla plus loin et voulut éviter au fils la douleur de voir le fruit de son travail enrichir ses frères et quelquefois même des étrangers ; il décida que toutes les acquisitions qui ne seraient pas advenues au fils *ex substantiâ* ou *contemplatione patris* lui resteraient propres, que l'usufruit seul en serait dévolu au père (6, *De bon. quæ lib.* D.), à la mort duquel aucun rapport ne serait dû (L. 21, *De collat.* D.).

On a appelé ce nouveau pécule *adventice*, expression qui n'est pas tout à fait romaine, peut-on dire avec Marezoll (Trad. de M. Pellat).

§ 2. — *Droits respectifs du père et du fils sur le pécule adventice.*

57. Le père usufruitier est dispensé de donner caution (8, § 4, *De bonis quæ lib.* C.), de rendre compte de sa jouissance (8, § 4, *h. t.*) : *hoc enim esset inverecundum*, dit Cujas.

Doneau l'assujettit à l'inventaire. A quoi bon? Je n'aperçois l'utilité de l'inventaire que là où il y a des comptes à rendre.

Ce ne sont pas là les seuls priviléges du père ; il a qualité pour intenter les actions en justice, à la condition, toutefois, qu'il obtiendra le consentement de son fils majeur et présent (L. ult., § 3, *De bonis quæ lib.* C.) ; il aliène valablement, sous l'empire du besoin, les biens de son fils ; et même, en temps ordinaire, il peut les faire servir au payement des legs et des fidéicommis de l'hérédité dont il a l'usufruit. Il y a plus : parmi les biens de cette hérédité, il peut vendre ceux qu'il serait onéreux de conserver (8, § 5, *De bonis quæ lib.* C.).

Toute aliénation faite en dehors de ces trois circonstances est frappée d'une nullité que le fils sera plus tard recevable à invoquer (1, *De bonis matern.* C.).

58. Cet usufruit nous présente sur d'autres points des caractères exceptionnels :

1° Il semblerait devoir cesser avec sa cause efficiente, la puissance paternelle ; il lui survit pourtant, mais il se restreint alors à la moitié des biens.

Cet usufruit partiel est une innovation de Justinien : il a remplacé la propriété du tiers des biens qu'adjugeait au père émancipateur une constitution de Constantin, *pro pretio quodammodò emancipationis* (Inst., L. 2, t. IX, § 2).

2° Le fils n'a pas le droit d'aliéner, d'hypothéquer sa nue-propriété sans le consentement de son père.

Enfin, il est incapable de plaider relativement à son pécule, de faire une donation à cause de mort.

Toutes ces restrictions apportées aux droits naturels du fils ne le dépouillent cependant pas de son titre véritable de nu-propriétaire : aussi, à la mort du père, il ne rapporte pas à sa succession son pécule adventice, pas plus qu'il ne rapporterait son pécule castrense ou quasi-castrense.

59. A l'attitude à peu près passive à laquelle est condamné le

fils succède une plus grande indépendance d'administration lorsque l'usufruit paternel est avec la nue-propriété réuni dans les mains de l'enfant.

59. Heineccius, Mulënbruch et M. de Savigny appellent alors le pécule adventice, *extr. ordinarium sive irregulare.*

Cette consolidation se présente : 1° à la majorité de l'enfant dont le père s'est remarié (2, C. Théod., *De maternis bonis*) ;

2° Lorsque telle a été la volonté du testateur ou du donateur (nov. CXVII, cap. I) ;

3° Lorsque le père abandonne sa jouissance à son fils ;

4° Lorsqu'il a refusé de faire adition de l'hérédité adventice (8 pr. *De bonis quæ lib.* C.) ; le fils alors fait adition lui-même et demande à cette fin, s'il est mineur, l'autorisation du juge (*id.* 8, § 1) ;

5° Lorsqu'il se montre mauvais administrateur (50, *Ad Trebell.* D.)

Les biens que la loi accorde aux enfants dont le père et la mère ont divorcé pour une faute personnelle à l'un d'eux (nov. CXXXIV, cap. VII), ceux que le père a recueillis dans l'hérédité de son enfant, en concours avec les frères et sœurs de ce dernier, échappent encore à la jouissance paternelle (nov. CXVIII, cap. II.)

Quelques auteurs comprennent encore dans le pécule extraordinaire ce que les textes du Digeste et des Novelles (3, § 5, *De minor.* D. ; 55, § 2, *De act empt.* D. ; 22, *De legat.* D. nov. LIII, ch. V) appellent le *legatum militiæ*, le *jus militiæ*, le legs, l'investiture d'une fonction publique : « Déjà, dit M. de Fresquet, dans l'empire romain on avait reconnu à certains fonctionnaires le droit de vendre ou de donner par testament les charges dont ils étaient investis. »

L'art. 91 de la loi du 28 avril 1816 aurait donc, comme tant d'autres de nos lois, son origine dans le droit romain. C'est avec raison, je crois, qu'on affranchit le *jus militiæ* de l'usufruit paternel : les fonctions publiques sont rigoureusement personnelles à celui qui les exerce : *personæ cohærent*, dit la loi 3, § 7, *De minor.* D.

Ces principes étaient déjà reconnus au temps de la jurisprudence classique, à une époque où le père s'appropriait à peu près tous les biens de son fils. Ulpien disait que le fils n'acquérait pas pour son père le *jus militiæ*. Nous savons d'ailleurs que dans l'ordre politique le fils était tout à fait indépendant de son père.

60. Quand le fils est plein propriétaire de son pécule adventice, il devrait, ce semble, pouvoir en disposer en toute liberté. Eh bien ! non. Les aliénations à titre onéreux et gratuit lui furent sans doute permises, mais il resta incapable de plaider à son sujet. Cette incapacité d'ester en justice amena Justinien à déclarer la prescription suspendue au profit du fils de famille, tant que celui-ci resterait sous la puissance paternelle (1, § 2, *De annali except.* C.)

61. Quant à son droit de tester, il a été contesté, s'il faut en croire Vinnius, qui rapporte la controverse.

Justinien, dans la loi dernière (C., *De bon. quæ lib.*) avait dit que le fils ne disposerait point par testament des biens adventices dont le père avait l'usufruit, et du temps même de l'empereur s'était élevée la question de savoir s'il n'était pas rationnel de conclure par argument *à contrario* que le fils aurait le droit de tester des biens dont il était propriétaire absolu. Justinien alors trancha le débat naissant en déclarant (L. pen. C., *Qui test. fac.*) qu'il n'avait jamais eu la pensée de permettre au fils propriétaire de ses biens adventices d'en disposer par testament.

Cependant, quelques auteurs dont Vinnius combat le sentiment s'en étaient tenus au premier texte de Justinien, dont ils tiraient un argument en faveur de leur système.

62. La validité de la donation à cause de mort a encore été l'objet de discussions entre les auteurs. Merlin, dans son *Répertoire*, au mot : *Puissance paternelle*, sect. III, § 4, art. 14, a exposé les arguments respectifs de l'affirmative et de la négative, et indiqué les auteurs dans les deux sens. Généralement, la doctrine maintient la donation à cause de mort. *Pari autem ratione quâ donare filiusfamilias prohibetur etiam mortis causâ donare prohibetur ;* ainsi s'exprime la loi 7, § 4, *De donat.* Or, nous savons que le fils de famille propriétaire de son pécule adventice peut faire une donation entre-vifs, pourquoi donc lui interdire une donation à cause de mort ?

Les textes ne s'expliquent pas sur la validité des emprunts faits par le fils ; mais on les maintient en écartant, comme à l'égard des pécules castrense et quasi-castrense, l'application du sénatus-consulte macédonien : *Solent doctores*, dit Brunnemann, *de S. C. Macedoniano, extendere (regulam) ad adventitia quorum filius plenam proprietatem habet.*

63. Théodose et Valentinien (3 C., *De bon. quæ lib.*) dédommageaient le fils de famille de la privation d'héritiers testamentaires qui lui avait été infligée, en lui donnant des héritiers légitimes. Ils mirent en première ligne les enfants du défunt ; mais le père écarté n'eut point à se dessaisir des biens héréditaires qu'il garda en vertu de son droit d'usufruit. Après les enfants fut appelé le père, auquel une constitution de Léon et d'Anthémius préféra les frères et sœurs germains consanguins ou utérins du défunt (4, *De bonis quæ lib.* C.)

Les novelles CXVIII et CXXVII ont changé tout cela. Le premier rang a été donné aux enfants ; les frères et sœurs germains sont venus ensuite, en concours avec le père, et n'ont plus été dépouillés au profit de ce dernier de la jouissance de leur part.

64. Nous sommes arrivé au terme de notre travail : nous avons touché au dernier état du droit romain sur notre matière, et nous n'avons pas assisté au complet affranchissement pécuniaire du fils de famille. La révolution qui devait le consommer encore était bien éloignée, et, pendant plusieurs siècles, une notable partie de notre pays devait offrir le spectacle de ces luttes de principes divers qui partageaient en quelque sorte en deux la personne du fils de famille, le laissaient pour ses biens adventices sous le poids des chaînes antiques et le réduisaient comme un vil esclave à l'incapacité de vendre, aliéner, hypothéquer, tester, mais qui, pour ce qui concerne les biens castrenses et quasi-castrenses, assimilaient les fils aux pères de famille et leur donnaient tous les droits des hommes les plus libres (Troplong, préface du *Comment. de la vente*, p. 15). »

DROIT CIVIL FRANÇAIS.

DE LA SUCCESSION ANOMALE DES ASCENDANTS.

(747 Cod. Nap.)

Vivo dederam, post fata reposco.
(OVIDE, *Métam.*, lib. XIII, v. 181.)

I. APERÇU HISTORIQUE SUR LE DROIT DE RETOUR.

1. Notre législateur moderne, ami de la simplicité et partisan de la division des fortunes, a répudié les principes coutumiers dans sa répartition du patrimoine héréditaire : il a proscrit la maxime fameuse *paterna, paternis; materna, maternis*, et, sans considérer l'origine des biens du défunt, il les a réunis en une masse unique au partage de laquelle il a appelé, à défaut de descendants, les plus proches parents de chaque ligne.

Toutefois, la généralisation aveugle de ce système nouveau eût amené d'éclatantes injustices : il a bien fallu, dans certains cas, remonter à la source d'où le bien était sorti, et le restituer à celui qui l'avait mis dans la succession.

Cette recherche exceptionnelle de l'origine des biens, bornée du reste à des degrés très-proches, et dégagée ainsi des difficultés infinies qui l'entravaient autrefois, se rencontre au Code Napoléon dans trois hypothèses que régissent les articles 351 et 352, 747, 766.

La seule dont nous ayons à parler est celle de l'art. 747, où un ascendant donateur, survivant à son descendant donataire mort sans postérité, est autorisé à reprendre dans la succession les choses données qui s'y retrouvent encore en nature.

2. Ce droit de recouvrer une libéralité définitive et irrévocable en principe s'appelle réversion, retour légal, retour successoral et succession anomale.

1° Réversion : Le bien retourne d'où il était venu.

2° Retour légal : Il s'effectue, en effet, de par la volonté de la loi, à la différence du retour conventionnel, né d'une stipulation expresse.

3° Retour successoral : Car il s'exerce, ainsi que nous le verrons plus tard, à titre successif.

4° Succession anomale ou plutôt anormale, selon la rectification grammaticale de M. Berriat Saint-Prix : cette dénomination, empruntée à un vieil auteur français, exprime le caractère exceptionnel, *anormal*, du droit que nous allons étudier.

3. L'idée première de ce droit de retour se découvre dans les lois romaines; mais, depuis son apparition jusqu'à notre Code actuel, il a subi de telles modifications, que, déjà de son temps, Pothier pouvait dire qu'il serait « un droit fort inconnu aux jurisconsultes romains s'ils revenaient au monde. »

Nous le voyons d'abord attribué au père ou à l'aïeul paternel, relativement à la dot émanée d'eux, et pour cela dite profectice, au cas où la fille meurt dans le mariage, laissant ou non des enfants; et ce retour n'est point, du moins c'est l'opinion commune, une prérogative de la puissance paternelle, mais bien un droit attaché à la qualité d'ascendant paternel mâle, donateur de la dot.

4. Quel fut le motif de son introduction? Pomponius nous l'apprend dans un texte bien connu (L. 6, *De jure dot.* D.). « La loi, dit ce jurisconsulte, a voulu venir au secours du père affligé de la mort de sa fille et lui épargner la double perte de son enfant et de la dot qu'elle tenait de lui. ».

Je laisse de côté les mots *solatii loco* de la phrase que je traduis, d'où l'on pourrait induire que, dans la pensée du jurisconsulte, la restitution de la dot au père est une sorte d'adoucissement pécuniaire à son chagrin.

Etrange consolation apportée à la plus cruelle des douleurs.

5. Le droit de retour fut longtemps restreint à la dot, ce ne

fut qu'en 428 que les empereurs Théodose et Valentinien (2, *De bonis quæ, lib.* C.), l'étendirent cette fois, *jure potestatis*, à la donation *ante nuptias*, cette dot du mari : *Quasi remunerandæ dotis gratia*, dit Vinnius (Inst., 2, 7).

Dans leur constitution apparaît une nouvelle justification du droit de retour ; on le présente comme un encouragement puissant aux libéralités du père, assuré désormais de ne point voir passer à d'autres que lui le bien qu'il n'avait entendu donner qu'à son fils.

6. Enfin, l'empereur Léon, dans sa novelle XXV, agrandit le domaine du retour légal, et y soumit toutes sortes de donations faites par le père et l'aïeul paternel, pourvu que le donataire fût décédé sans enfants.

S'il faut en croire Léon lui-même, cette extension dernière du retour ne serait pas son œuvre, elle serait due à d'anciennes lois qu'il ne fait qu'exhumer, *nos pristinam legum hâc de re auctoritatem renovantes*. Sur la foi de ce texte, Furgole a pensé que Justinien avait omis ces lois dans sa compilation et ramené ainsi le retour aux limites où l'avaient enfermé Théodose et Valentinien.

En somme, le droit romain avait refusé à la mère et aux ascendants maternels l'exercice du droit de retour. Il leur laissait, comme à de simples étrangers, la faculté de le créer en leur faveur par une stipulation expresse.

7. Les textes précis sur la qualité des personnes qui jouissent du droit de retour sont obscurs et incomplets sur l'objet et les effets de ce droit ; toutefois il est permis de penser que cet objet comprit les meubles et les immeubles.

Les jurisconsultes, en cette matière, emploient les mots *dos* ou *ante nuptias donatio*, sans correctif, dans toute leur généralité ; il y a plus : une chose mobilière, l'argent, est citée, dans la loi 6 *De jure dotium*, comme devant retourner au père dotateur.

Quant aux effets du retour, je crois qu'ils consistaient à résoudre les aliénations totales ou partielles du bien donné, à anéantir les hypothèques qui le grevaient.

Les hypothèques qui frappaient la dot étaient non avenues en vertu de la loi Julia. Les aliénations eurent le même sort sous Justinien.

On le voit, je considère le retour comme fondé sur une stipulation tacite et légale aussi puissante qu'une stipulation expresse : *parenti enim tacitâ ex stipulatione actionem damus*, dit la loi unique, § 13 *in fine*, *De rei uxor. act.* C.

Nous trouvons encore dans la loi dernière, au Code L. 3, t. XXXVIII, ces expressions bien caractéristiques où la stipulation œuvre de la loi est mise sur la même ligne que la stipulation œuvre de l'homme : ...*Hoc quod dedit, iterùm ad eum revertatur, vel stipulatione, vel lege hoc faciente.*

Tel fut le retour dans le droit romain, depuis son origine jusqu'à son dernier développement.

8. Il ne faut point croire, comme l'ont prétendu quelques interprètes, dont parle Domat dans ses *Lois civiles*, que Justinien l'ait aboli par sa novelle CXVIII, en appelant également les ascendants aux successions des descendants, selon l'ordre de leur proximité, sans leur réserver le retour.

Domat a rejeté cette opinion, par le motif péremptoire que le silence de la novelle sur le droit de retour n'équivalait pas du tout à une suppression positive.

Du reste, je conçois très-bien que Justinien n'ait pas parlé du retour dans sa novelle. Comme ce droit ne constituait point un droit de succession, il n'avait pas à le réglementer à propos des successions.

9. Disons donc que l'institution du retour fut maintenue par Justinien ; c'était une de celles auxquelles l'avenir appartenait, car elle puisait sa force dans l'équité et l'humanité, et, à ce double titre, elle devait trouver grâce devant Justinien. Elle s'implanta profondément dans notre pays ; mais elle présente une physionomie diverse, suivant qu'on l'envisage dans le Nord ou dans le Midi de la France, dans les pays coutumiers ou dans les pays de droit écrit. Nous l'étudierons sous cette double face, et d'abord commençons par les pays de droit écrit. C'est là que nous verrons le retour perdre le moins les caractères qui le distinguaient à Rome.

10. Le Parlement de Grenoble, surtout, se montra scrupuleux observateur des lois romaines : il se conforma strictement à la novelle XXV dans l'énumération des personnes investies du droit de retour.

11. Une tendance contraire se produisit dans les autres Parlements du Midi de la France. Tous appelèrent les ascen-

dants maternels à l'exercice du droit de retour, dont ils avaient été privés jusque-là. Celui de Toulouse même alla plus loin, et concéda le même privilége aux frères et sœurs, oncles et tantes *de sang et non par alliance*, dit Furgole en son *Traité des donations*.

12. Le père naturel fut-il assimilé au père légitime? Non, en général : l'auteur du péché, comme disait Despeisses, ne devait pas tirer avantage de sa faute.

Le Parlement de Grenoble seul sut s'élever au-dessus de ce scrupule, et pensa que le père naturel pouvait appuyer sur les mêmes motifs que le père légitime son action en reprise des biens donnés.

13. Une hésitation se manifesta lorsque l'ascendant donateur était précédé dans l'ordre des héritiers légitimes par un autre ascendant, plus proche en degré du défunt; quand l'aïeul, par exemple, auteur de la libéralité, était en présence du père, ce dernier devait-il laisser celui-là reprendre à son détriment le bien donné?

En général, la jurisprudence méridionale n'osa pas pousser jusqu'au sacrifice des droits du père la faveur dont elle entourait le retour. Toutefois, le Parlement de Grenoble donna tour à tour gain de cause à l'aïeul et au père; celui de Provence proposa une distinction entre la dot et la donation, et adjugea la première au père, la seconde à l'aïeul.

Enfin, la ville de Marseille, ne sachant auquel des deux textes divergents (L. 79, *De jure dot.* D.; L. 6, *De collat.* D.) donner la préférence, accordait à chacun des deux compétiteurs la moitié de la dot qu'ils se disputaient.

14. Dans le dernier état du droit romain, l'exercice du retour légal était subordonné à la condition du prédécès du donataire sans postérité... *Si filius liberis orbetur*, dit la novelle XXV.

Et peu importait que cette postérité ne fût pas issue du mariage en faveur duquel la libéralité avait eu lieu. Le Parlement de Toulouse seul osa s'écarter de ce principe certain.

Cette restriction était juste et conforme à la volonté présumée du donateur, qui confond dans une même affection le donataire et ses enfants. Elle rencontra néanmoins quelques adversaires qui se retranchaient derrière les principes romains primitifs.

Lebrun, dans son *Traité des successions*, nous parle d'une discussion qui eut lieu à ce sujet entre les deux jurisconsultes bolonais Bulgare et Martin.

Le débat se termina en faveur des enfants.

15. La condition du prédécès du donataire et de sa postérité pouvait ne pas se réaliser dans les termes littéraux de la loi. Il était possible que le donataire, à sa mort, laissât des enfants, mais que ceux-ci ne survécussent pas au donateur. Dans cette hypothèse, le Parlement de Toulouse, qui rallia à sa jurisprudence ceux d'Aix et de Dijon, ainsi que le présidial de Montbrison, donna encore une extension nouvelle au retour en le proclamant au profit de l'ascendant ; il bouleversa même toutes les règles de cette matière en accordant à l'ascendant donateur la part de l'un des enfants prédécédés, au préjudice des héritiers ordinaires.

Le Parlement fut aussi indécis dans cette question que dans la précédente, et la jugea dans les deux sens.

Marseille, dans un édit, vida le débat à sa manière ordinaire, en partageant le bien disputé entre les deux rivaux.

16. Le droit de retour du Midi de la France empruntait à celui des lois romaines sa nature et ses effets. Il opérait, en vertu d'une stipulation tacite et légale, une révocation de la donation, et dès lors résolvait les aliénations et hypothèques que le donataire avait consenties sur le bien donné.

Toutefois, le retour laissait subsister subsidiairement l'hypothèque de la femme mariée sur les biens donnés, et encore l'hypothèque devait-elle être invoquée par la femme elle-même ou ses héritiers directs.

Les Parlements d'Aix et de Provence osèrent seuls se départir de la rigueur de ces principes : le premier maintint les aliénations à titre onéreux, et le Parlement de Provence permit aux créanciers ayant hypothèque sur les biens donnés de les faire vendre en cas d'insuffisance des biens libres.

En somme, le bien retournait intact au donateur : *Veluti quodam jure postliminii*, comme disait Furgole.

Il était affranchi même de la légitime du père dans les pays où celui-ci était sacrifié à l'aïeul, soustrait enfin à la confiscation prononcée contre le donataire.

17. Si du Midi de la France nous remontons vers le Nord,

nous y retrouvons le retour reconnu par la jurisprudence et la doctrine, dès la fin du treizième siècle.

Le premier arrêt qui le proclame est de 1268. Il fut rendu à la Pentecôte, sous saint Louis. Merlin le cite en son *Répertoire* au mot Réversion.

Le premier ouvrage qui expose les règles du retour est celui de Beaumanoir, écrit en 1283. Le vieil auteur le justifie même comme les lois romaines. « Male chose seroit, dit-il (ch. IV), que le père et la mère perdissent leur enfant et le leur... et plus legierement en doivent être le père et la mère conseillé de donner à leur enfant. »

Les coutumiers postérieurs à Beaumanoir, comme ceux qui le précédèrent, gardent un silence complet sur notre matière.

Aussi, quand les coutumes se rédigent pour la première fois, notre droit de retour est généralement oublié.

La coutume de Paris, en 1510, ne le reconnaît point ; il apparaît isolément, en 1494, dans la rédaction nouvelle de la très-ancienne coutume de Lorris (art. 9, ch. *Des success.*).

En 1567, il est consacré par une ordonnance de Charles IX, que rapporte Rebuffe.

Enfin, la coutume de Paris, réformée en 1580, l'accueille, et, cette fois, il se trouve en quelque sorte naturalisé dans le Nord de la France. Il passe dans la majorité des coutumes, et est reconnu par les Parlements dans le territoire de celles qui ne l'ont point édicté.

Les auteurs, et Dumoulin à leur tête, avaient réclamé l'application universelle de ce droit : *hoc justum et generaliter observandum*, disait Dumoulin.

La coutume d'Auxerre (242), imitant le Parlement de Toulouse, l'étendit aux collatéraux.

La coutume de Valenciennes fut plus novatrice encore, et, dans son art. 108, elle l'accorda au donateur étranger et à ses héritiers.

Mais, d'un autre côté, la coutume de Normandie résista à l'envahissement du retour, et son Parlement ne le fit résulter que d'une stipulation expresse, aux termes d'un arrêt de la Grande Chambre, du 14 août 1657, rapporté par Basnage.

La coutume de Melun fut plus catégorique que celle de Normandie. Elle dit, art. 268 et 269, « que les ascendants ne succédaient pas aux héritages qu'ils avaient donnés à leurs enfants, tant qu'il y avait des héritiers descendants ou collatéraux de l'estoc et ligne où succèdent les propres.

Quant aux coutumes du Maine (288), et d'Anjou (270), elles limitèrent l'objet du retour à l'usufruit de la chose donnée.

18. Hâtons-nous de dire que, dans les pays qui nous occupent, le retour légal se constitua sur des bases nouvelles ; il ne rappela plus celui du droit romain que par son nom et les motifs qui l'avaient inspiré. Ce ne fut plus un droit de révocation, mais un droit successoral.

La conséquence du nouveau principe fut de décomposer la succession de l'enfant donataire mort sans postérité en deux successions bien distinctes : l'une, embrassant les biens donnés dévolus à l'ascendant ; l'autre, comprenant les biens personnels attribués aux héritiers ordinaires ; et si le même ascendant était appelé à ces deux successions, il pouvait accepter l'une et répudier l'autre.

Cette transformation du droit de retour, attestée par tous les vieux auteurs, résulte bien d'ailleurs des termes des diverses coutumes. L'ascendant *succède*, disent entre autres les coutumes de Paris (313) et d'Orléans (315).

Il est vrai que la coutume du Nivernais et celle de Montargis se servent du mot *retourne* ; mais cette expression, inspirée du droit romain, n'altère point la pureté du principe.

Au premier abord, cette attribution par voie successive à l'ascendant des immeubles donnés paraît contredire la maxime coutumière, *propre ne remonte*. Mais les auteurs vont au-devant de cette objection que s'était déjà faite Beaumanoir, et répondent que la règle susdite s'oppose simplement à ce que les ascendants succèdent à des immeubles qui procèdent d'un autre côté que le leur. « Propre ne remonte, disait Dumoulin, excepté aux venus de leur part ; » — *ne labantur in diversam lineam*, dit-il ailleurs.

L'ascendant donateur, étant un héritier, devra certainement respecter les aliénations et les dispositions entre-vifs ou testamentaires du défunt, faites dans les limites de la quotité disponible.

Coquille s'éleva bien contre la validité des dispositions gratuites. Bretonnier osa les appeler sacriléges ; mais, comme dit

Denisart, leurs clameurs furent impuissantes et n'ébranlèrent point le principe.

L'ascendant donateur devra encore, en vertu de son titre d'héritier, payer les dettes héréditaires, même au delà de son émolument, s'il n'a pas accepté la succession sous bénéfice d'inventaire.

Ferrière ne pensait pas que l'ascendant pût jamais être obligé *ultrà vires*, et cela, disait-il, parce qu'il est héritier, *in re singulari*.

La coutume de Berri seule (tit. XIX, ch. v) avait fait retourner à l'ascendant les biens donnés, sans charge de dettes personnelles, et ne les avait affectés au payement des charges réelles qu'en cas d'insuffisance des autres biens.

Si l'on eût rigoureusement déduit toutes les conséquences du caractère successif du droit de retour, il eût fallu dire qu'il s'éteignait par la confiscation des biens du donataire ; cependant les auteurs se prononcèrent contre le fisc.

On voit pourtant Ferrière soutenir les vrais principes.

19. Les coutumes, à peu près unanimes à reconnaître l'existence du retour, se divisèrent sur la détermination principale de son objet.

Leurs expressions sont variées ; les unes disent : *héritages donnés ;* les autres : *biens donnés ;* celles-ci : *propres conventionnels ;* celles-là : *choses données.*

Ces termes divers comprennent bien les immeubles ; mais s'appliquent-ils aux meubles ?

Sur ce dernier point, les auteurs sont divergents. Ainsi, sur les mots *choses données*, des coutumes de Paris et d'Orléans, Renusson nous rapporte deux longues consultations où chaque avocat s'efforce, dans l'intérêt de sa cause, de restreindre ou d'étendre les mots de la coutume.

Pothier, par une combinaison de l'art. 313 de la coutume de Paris avec celui qui le précède, démontre péremptoirement l'applicabilité exclusive des mots *choses données* aux immeubles. Bourjon, dans son *Droit commun de la France*, est du même avis.

Quoi qu'il en soit sur la détermination de l'objet du retour, il fallait que la chose se retrouvât en nature et avec sa qualité de chose donnée, de telle sorte que si, sortie du patrimoine du défunt, elle y rentrait par achat, donation ou autrement, elle échappait au retour.

Ainsi le décidaient les auteurs.

20. Comme dans les pays de droit écrit, la coexistence de l'aïeul et du père avait fait naître la question de savoir si le premier exercerait son droit au détriment du second.

Lemaistre répondait oui, dans le cas seul où le bien donné était un immeuble.

Renusson, Pothier, Ricard, étaient sans distinction favorables à l'aïeul.

Denisart, au contraire, pensait avec Duplessis, Lebrun et Bourjon, que le retour légal, étant une manière de succéder, dépendait uniquement de la qualité d'héritier.

Ajoutons, en terminant, que dans toutes les coutumes, excepté dans celle de Valenciennes (100), le retour n'avait lieu qu'au cas où le donataire mourait sans enfants non renonçants, et de quelque mariage qu'ils fussent issus.

Mais si les enfants laissés par le donataire ne survivaient pas à l'ascendant donateur, celui-ci pouvait-il encore exercer son droit ?

La jurisprudence fut favorable à l'aïeul dans plusieurs arrêts que cite et approuve Renusson dans son *Traité des propres* (ch. II, sect. XIX).

Bourjon, Lebrun se rallièrent à cette opinion, que repoussait pourtant l'interprétation littérale du texte de la coutume.

21. Quelle fut la fortune du retour légal sous la législation intermédiaire, c'est-à-dire de 1789 à 1804 ?

Une seule loi, celle du 17 nivôse an II, s'en occupa ; ce fut pour le proscrire implicitement dans son art. 74, en le subordonnant désormais à la condition d'une stipulation expresse.

Cette suppression du retour n'est qu'un corollaire des dispositions odieuses de cette loi de nivôse qui, sous le prétexte que les ascendants n'avaient pas dû s'attendre à survivre à leurs enfants, les déclarait exclus de leur succession par des héritiers collatéraux qui descendaient d'eux (ascendants), ou d'autres ascendants au même degré.

Néanmoins, les donations antérieurement faites à la loi du 5 brumaire an II, loi qui précéda et prépara celle de nivôse, restèrent sous l'empire de la législation précédente et purent devenir l'occasion du retour en faveur de l'ascendant (art. 5 de la loi du 23 ventôse an II).

Arrive le Code civil.

Des trois projets présentés par Cambacérès, les deux premiers à la Convention nationale, les 9 août 1793 et 23 fructidor an II, le dernier au conseil des Cinq-Cents, en messidor an IV, le premier et le troisième se bornent à copier l'art. 74 de la loi de nivôse; le second, dans sa concision outrée, le passe sous silence.

Jacqueminot, dans le projet qu'il soumet à la Commission législative des Cinq-Cents, le 30 frimaire an VIII, ne dit rien du retour légal au titre des successions : seulement, au titre des donations, il le repousse par ces mots : « Le droit de retour n'a pas lieu sans stipulation », insérés à la fin de l'art. 141, qui proclame le retour conventionnel. Vient ensuite le projet de la Commission du gouvernement, où nous trouvons littéralement reproduites les dispositions du projet Jacqueminot sur le retour.

Cette vieille institution du retour, ce privilége, si plein d'équité qu'il est comme de droit naturel, disait Domat, allait-il donc disparaître de nos lois ?

Non ; les tribunaux d'appel furent invités à émettre leurs observations sur le projet officiel : deux d'entre eux élevèrent la voix en faveur du retour ; ceux de Toulouse et de Montpellier.

Toulouse, cette terre classique du retour, cédait à des sympathies bien connues : son tribunal fit un pas vers les principes coutumiers, et il proposa, conformément à la jurisprudence que nous avons signalée du Parlement de Toulouse, de maintenir le retour contre les aliénations à titre onéreux.

Le tribunal d'appel de Montpellier insista beaucoup sur la nécessité de rétablir le droit de retour, mais n'en formula point les règles.

Cette double réclamation fut accueillie ; elle devait l'être.

Notre législateur avait rompu avec le système de nivôse, en rendant aux ascendants leurs droits naturels sur la succession de leurs descendants : il devait donc, par une conséquence logique de son innovation, leur rendre aussi leurs droits de succession sur les biens qu'ils avaient donnés.

Aussi trouvons-nous dans le projet définitif du titre des successions, présenté par Treilhard au Conseil d'Etat, le 9 nivôse an XI, l'art. 31 ainsi conçu : « Les ascendants succèdent toujours, et à l'exclusion de tous autres, aux choses par eux données à leurs enfants ou descendants lorsque les donataires sont décédés sans postérité. » Cette rédaction établit le retour sans en déterminer l'étendue : ce dernier point fut fixé dans la discussion que souleva l'article : cet article fut complété, et nous le retrouvons avec ses termes actuels dans la rédaction nouvelle du titre des successions que présenta Treilhard à la séance du 5 nivôse an XI : « Les ascendants succèdent, à l'exclusion de tous autres, aux choses par eux données à leurs enfants ou descendants décédés sans postérité, lorsque les objets se retrouvent en nature dans la succession.

« Si les objets ont été aliénés, les ascendants recueillent le prix qui peut en être dû : ils succèdent aussi à l'action en reprise que pouvait avoir le donataire. »

22. Voilà l'article bref, gros de questions, qui proclame dans notre droit le retour légal.

Nous le développerons dans l'ordre suivant :

1° Qui jouit du retour légal ?

2° A quelles conditions a-t-il lieu ?

3° Quel est son objet ?

4° Quelle est sa nature ?

§ 1. — *Qui jouit du retour légal.*

23. Les ascendants, répond la loi ; expression absolue, qui n'autorise aucune distinction de sexe ou de degré. Tiendrons-nous compte de leur qualité ? Les père et mère adoptifs ne nous arrêteront pas ; ils puisent leur droit dans un texte formel (art. 351) ; mais les père et mère *naturels* invoqueront-ils avec succès l'art. 747 : et d'abord, la controverse ne présente de l'intérêt qu'au cas où l'enfant naturel donataire a été reconnu par ses deux auteurs ; l'ascendant donateur pourra-t-il alors prélever les biens émanés de lui avant tout partage avec l'autre ascendant. Je ne vois pas comment il s'appuierait raisonnablement sur l'art. 747, exclusivement édicté (sa place l'indique)

en vue des successions légitimes ; c'est plutôt au chapitre des successions irrégulières qu'il doit se reporter ; eh bien ! là, l'art. 765, par ses termes absolus, condamne sa prétention ; fidèle au système général du Code, il envisage la succession de l'enfant naturel en bloc et en organise la dévolution, sans s'enquérir de l'origine des biens qui la composent. Comment, en présence de ce texte formel, admettre des distinctions qu'il repousse : son esprit les admet, me dira-t-on, et tous les motifs qui justifient le retour légal s'appliquent à l'ascendant naturel. Cette considération, purement morale, n'est pas mieux fondée, à mon sens.

Les ascendants légitimes, sans le bénéfice du retour légal, seraient quelquefois exposés à une exclusion complète de la succession de leur descendant (par exemple, d'un petit-fils dont le père vit encore) ; en tous cas, ils devront subir le concours de parents directs de la ligne opposée ou de collatéraux étrangers. Est-ce là la situation des père et mère *naturels ?* Non ; forcément seuls dans leur ligne, préférée aux frères naturels et légitimes du défunt, ils ne perdront jamais dans la pire des hypothèses que la moitié de leur libéralité au profit de leur concubin, c'est-à-dire d'une personne que leur sentiment intime les empêchera toujours d'assimiler à un collatéral du douzième degré.

Mais, nous objecte-t-on, vous allez donc décerner à l'ascendant non donateur le prix de sa faute ?

Vous voulez donc, vous aussi, récompenser l'immoralité en gratifiant l'ascendant naturel du même avantage que l'ascendant légitime ?

Du reste, votre reproche remonte jusqu'au législateur, qui, en accordant aux père et mère naturels des droits successifs sur les biens de leurs enfants, a risqué, dans d'autres hypothèses que la nôtre, de faire d'une paternité ou d'une maternité coupables une occasion d'enrichissement.

Enfin, on nous oppose l'art. 766, et on dit : si les enfants légitimes du donateur ont, après son décès, le droit de retour sur les biens donnés à l'enfant naturel, à plus forte raison le donateur doit-il jouir de ce privilège.

Cet argument serait décisif s'il était vrai que les enfants légitimes dont on parle primassent dans la succession des choses données même l'ascendant non donateur ; si celui-ci, dirait-on alors, est écarté par les enfants légitimes de l'ascendant donateur, à plus forte raison doit-il l'être par cet ascendant donateur lui-même. Mais l'art. 766 rend ce raisonnement *à fortiori* impossible, puisqu'il subordonne l'exercice du droit de retour conféré aux enfants légitimes à la condition du prédécès des père et mère naturels. Ce retour ne nuit absolument qu'aux frères et sœurs naturels ; celui qu'on réclame en faveur de l'ascendant naturel donateur nuirait en outre à l'ascendant non donateur : ce n'est donc que par une fausse analogie que l'on conclut de l'existence du premier à celle du second. (Conf. M. Malpel, n° 166 ; MM. Zachariæ, Aubry et Rau, t. IV, § 608, note. 22; MM. Massé et Vergé sur Zachariæ, t. II, p. 287, M. Valette cité par MM. Boileux et Mourlon.)

Notre question ne s'élèverait pas sérieusement à l'égard de celui qui aurait fait une libéralité à l'enfant naturel de son fils. Ce donateur, en effet, est aux yeux de la loi un étranger vis-à-vis du donataire.

Un seul auteur (Benoît, *De la Dot*, t. II, n. 90) a essayé de jeter sur cette question des doutes qui n'ont été partagés par personne.

24. L'ascendant donateur étranger invoquerait, avec raison, le bénéfice de l'art. 747, sur les biens qu'il a donnés et qui sont situés en France.

L'art. 747, en effet, réglemente un droit de succession *ab intestat*, et on sait que depuis la loi du 14 juillet 1819, les étrangers peuvent succéder de la même manière que les Français.

25. Le droit de retour sera quelquefois exercé par deux ascendants à la fois. Ce concours aura lieu dans le cas où le père et la mère auront conjointement doté leur enfant ; ils reprendront chacun ce qu'ils auront donné ou seront censés légalement avoir donné, c'est-à-dire la moitié de la dot, sauf les indemnités respectives dans le cas où la loi les ordonne. (1438, 1544).

Il ne sera pas même toujours besoin de supposer une donation conjointe pour concevoir l'exercice simultané du retour légal par deux ascendants.

Un mari a constitué seul une dot à l'enfant commun, en effets de communauté, sans déclarer qu'il s'en chargeait pour le tout ou pour une portion plus forte que la moitié.

Si la femme accepte la communauté, à sa dissolution elle devra supporter la moitié de la dot, à la constitution de laquelle elle a été étrangère ; mais, en revanche, elle exercera le retour dans la même mesure (1439).

Il en serait autrement sous les autres régimes matrimoniaux où la femme n'est jamais obligée, à son insu, par son mari ; la dot constituée par le père seul demeurerait en entier à sa charge (1544). (L. 5, § 7, *De jure dot.* D.).

26. Nous supposons que le mari et la femme se sont engagés conjointement et solidairement à fournir une dot à leur enfant. L'un d'eux, devenu insolvable, ne peut payer sa moitié, qui retombe ainsi à la charge de l'autre. L'époux qui a, en définitive, fourni de ses deniers la dot entière la reprendra-t-il dans son intégralité à l'exclusion de l'autre époux ? Non, il était obligé à deux titres, comme donateur et comme caution de son conjoint : comme donateur, il devait sa part et portion de la dot (1213) ; il l'a fournie, qu'il la reprenne donc ; mais quant à l'autre moitié de la dot, il n'a pu là payer que comme caution, et cela est si vrai qu'il a un recours plus ou moins efficace, mais enfin un recours en remboursement contre son conjoint. Il n'est donc point donataire de cette moitié, pourquoi donc voudrait-il la reprendre ?

Ainsi le décidait la loi romaine dans une hypothèse où le père avait, comme caution, fourni à sa fille une dot qu'un étranger avait constituée à celle-ci. (L. 5, § 6, *De jure dot.* D.).

§ 2. — *A quelles conditions a lieu le retour légal.*

27. L'exercice du retour est un privilège entièrement personnel à l'ascendant donateur. Celui-ci ne le transmet à ses héritiers, donataires et légataires universels et à titre universel, qu'autant qu'il existait encore au moment où le droit a été ouvert, qu'autant qu'il a survécu, ne fût-ce que d'une minute, au donataire décédé sans postérité [1].

[1] Avant l'abolition de la mort civile par la loi du 31 mai 1854, la doctrine déclarait le retour ouvert par la mort civile du donataire comme par sa mort naturelle.

Toute représentation est inconnue en cette matière, le donataire et ses descendants, les *hoirs de son corps*, comme disaient les coutumes, voilà les seules personnes que l'ascendant ait préférées à lui-même, auxquelles, dans son affectueuse prévoyance, il ait adressé sa libéralité.

Si, par un renversement des lois de la nature, il a la douleur de leur fermer les yeux, il reprend les biens qu'il n'avait pas destinés à l'enrichissement d'autrui.

28. Le plus souvent la survivance de l'ascendant sera facile à constater; il est possible qu'elle soit douteuse et contestée; ainsi, le donateur et le donataire ont péri dans un même événement sans qu'on puisse reconnaître lequel est décédé le premier.

Les auteurs ont généralement prévu la question au cas de retour conventionnel, et ils la décident contre les héritiers du donateur auxquels ils imposent l'obligation de prouver la survie de leur auteur. Cette solution, à mon sens, ne serait pas applicable sans distinction au retour légal; je la repousserais dans l'hypothèse où le donateur et le donataire seraient respectivement appelés à la succession l'un de l'autre, où il s'agirait, par exemple, d'un père et de son enfant; ne sommes-nous pas alors dans les termes de l'art. 720, pourquoi n'admettrions-nous pas alors, parmi les présomptions de survie qu'il établit, celles qui sont vraisemblablement applicables (721).

29. Le double décès du donateur et du donataire ne sera pas toujours certain : l'un sera bien mort, mais l'autre sera absent ou seulement présumé absent dans le sens légal de ces mots.

30. L'absent est-il le donateur? Les art. 135 et 136 combinés opposent à l'exercice du retour un obstacle que lèvera seul la preuve fournie par les héritiers du donateur de l'existence de leur auteur au moment de l'ouverture du droit.

31. L'absent, au contraire, est-il le donataire? Nous rangerons le donateur, à raison de sa qualité de titulaire d'un droit subordonné à la condition du décès de l'absent, au nombre des personnes intéressées à provoquer la *déclaration d'absence*, et nous lui permettrons ensuite d'exercer le retour à la charge d'ailleurs de fournir caution (123) (Nancy, 31 janvier 1833); et comme l'ascendant a la saisine légale, il n'aurait pas même besoin, avant de provoquer la déclaration d'absence, d'inter-

peller, de mettre en demeure les héritiers présomptifs ordinaires qui n'agiraient pas.

Nous admettrions les héritiers du donateur à faire valoir le droit de retour, si ce donateur était encore vivant au jour de la disparition ou des dernières nouvelles de l'absent.

L'envoi définitif sera également prononcé après les délais voulus, et je ferai observer que l'ascendant donateur ou ses héritiers ne pourront jamais se prévaloir de la prescription ou du délai préfix (controverse inutile ici) édicté par l'art. 133 contre les enfants ou descendants directs de l'absent, demandant le restitution de ses biens. Cela est bien évident, puisque l'événement aura prouvé que le donataire n'est pas mort *sans postérité*.

32. Quelques mots encore sur l'hypothèse de l'absence du donataire. — Je suppose que les biens donnés consistent en mobilier : ce sont des meubles de prix, des bijoux. Le tribunal, par un motif quelconque, aux termes de l'art. 128, en ordonne la vente et détermine le mode d'emploi du prix. Le jugement sera-t-il exécuté ? L'ascendant va dire, le texte de la loi à la main : Je ne jouis du retour qu'à la condition de retrouver *en nature* dans la succession les objets que j'ai donnés, ou au moins la créance de leur prix, si plus tard l'absent reparaît, j'aurai donc irrévocablement perdu toute chance d'exercer mon droit.

Ce langage sera fondé, selon nous, qui, comme nous aurons à l'établir plus loin, croyons vraie l'interprétation littérale des mots *en nature* de l'art. 767.

33. L'ascendant doit survivre à la postérité du donataire ; ajoutons, quoi qu'en disent Malleville et Delaporte, même issue d'un mariage autre que celui en faveur duquel la libéralité aurait été faite. — Tous les enfants du donataire sont les petits-fils du donateur, et ils ont, malgré leur différence d'extraction, des droits égaux à son affection.

Je n'appliquerais point, en présence du texte si absolu de la loi, la distinction que font les auteurs sur l'art. 1089.

34. Si nous prenions le mot *postérité* à la lettre, nous arriverions à des résultats inacceptables.

Qui soutiendrait, en effet, que les descendants du donataire, tous indignes ou renonçants, priveraient l'ascendant du retour légal. Ce système violerait l'esprit de la loi en adjugeant à des étrangers des biens dont le donataire ne s'était dépouillé qu'en faveur des siens.

35. L'ascendant pourra également écarter une postérité légalement présumée appartenir au donataire : 1° intenter, par exemple, dans les cas où la loi ouvre cette action aux héritiers, l'action en désaveu contre un enfant laissé par le donataire (317) ; 2° contester la légitimité de l'enfant né trois cents jours après la dissolution du mariage (315).

Déterminons maintenant le sens du mot *postérité* dans l'article 747.

36. Embrasse-t-il la descendance adoptive et naturelle du donataire ?

A cette double question nous répondrons, non ? Telle est notre conviction profonde, fondée sur l'esprit et le texte de la loi.

Parlons d'abord des enfants adoptifs.

Empêcher les étrangers de participer à une libéralité qui ne leur était point adressée, telle a été la considération de haute équité qui a inspiré l'art. 747. Vous méconnaissez cette pensée créatrice de la loi si vous sacrifiez le donateur à l'enfant adoptif du donataire, à un étranger : un étranger, la qualification est exacte ; l'art. 350 la justifie en refusant à l'adopté tout droit de successibilité sur les biens des parents de l'adoptant.

Mais, nous dit-on, le même article accorde à cet enfant, sur la succession de son père adoptif, tous les droits des enfants nés en mariage, pourquoi donc l'exclure d'une portion de cette *succession*, celle qui comprend les biens donnés ?

Cet argument est bien faible ; la proposition qui lui sert de base est elle-même très-discutable, et ceux (entre autres Grenier, *De l'Adopt.*, p. 529, n° 39, et Toullier, 5, n° 303) qui la formulent ici dans toute sa généralité s'efforcèrent ailleurs d'en restreindre les effets ; et, pour ne pas trop sortir de notre matière, nous dirons qu'au cas de retour conventionnel, ils se gardent bien d'une assimilation trop aveugle des enfants adoptifs aux enfants issus de mariage. Mais nous objecte-t-on encore : la présence d'un enfant légitime aurait l'effet d'attribuer à l'enfant adoptif une part des biens donnés ; quelle influence peut avoir sur les droits de celui-ci, la coexistence de celui-là ?

On ne prend donc pas garde que l'existence de l'enfant légitime empêche précisément l'ouverture du retour ; si le retour n'a pas lieu, il faut bien que les règles ordinaires sur la dévolution des successions suivent leur cours.

On nous dit enfin : Un legs, une donation entre-vifs anéantiraient le droit de l'ascendant. Comment ce droit subsisterait-il après une adoption qui n'est autre chose qu'une donation irrévocable de la succession de l'adoptant ?

Mais une donation, un legs sont la négation la plus directe du droit de l'ascendant : l'adoption est loin d'avoir ce caractère violemment exclusif, son objet n'est point aussi circonscrit que celui d'une succession ou d'un legs ; il n'est pas borné à une simple transmission de biens futurs, il s'élève bien souvent au-dessus de ces intérêts matériels. C'est donc à tort qu'on essaye de donner la même portée à des actes si dissemblables dans leur objet et leurs effets (Conf. Benoît, *De la dot*, 2, n° 104 ; Marcadé, art. 352, 2. Ce dernier auteur embrasse sous l'art. 747, 3, une opinion contraire).

Arrivons aux enfants naturels.

37. Il nous est impossible de les considérer comme un obstacle à l'exercice du retour légal ; nous invoquons encore l'esprit de la loi : là encore nous disons, et avec une irrésistible vraisemblance, que l'ascendant donateur n'a jamais songé à faire participer à sa libéralité l'enfant naturel de son descendant, un enfant que la loi lui déclare étranger sous le rapport successoral ; un enfant dont il a déploré la naissance et dont l'existence, loin de le consoler de la perte de son fils, ajoute à sa douleur en témoignant sans cesse de la tache faite à la famille.

A cela on répond que l'ascendant aurait dû, en stipulant le retour, sauvegarder ses droits contre tout enfant naturel.

Argument odieux ! Quoi ! vous obligeriez un père à prévoir et à punir les écarts de son fils, à formuler authentiquement les soupçons injurieux que vous lui prêtiez !

Si de telles pensées inquiétaient son esprit, il aimerait bien mieux les taire et renoncer à tout projet de donation.

La situation de l'article 747 nous commande encore de ne l'interpréter qu'en faveur de la postérité légitime, et de donner ainsi au mot *postérité* le sens qu'il présente incontestablement dans les articles qui précèdent et qui suivent l'article 747

(MM. Aubry et Rau, auteurs adverses, et M. Beautemps-Beaupré (*De la Portion de biens disponible*, n° 321) accordent que l'art. 747 n'entend parler que de la descendance légitime).

Voyez l'article 746, par exemple « .... Si le défunt n'a laissé ni postérité, etc.; » postérité légitime, à coup sûr, puisque ce mot remplace ici les expressions *enfants* ou *descendants issus de différents mariages* de l'art. 745.

Voyez encore l'article 1089 où *postérité*, de l'aveu de tous, s'entend uniquement de la postérité légitime. Il s'agit là de donations faites par contrat de mariage aux époux et aux enfants à naître de leur union.

Le législateur s'est dit que l'ensemble de la matière faisait clairement ressortir le sens du mot *postérité* dans l'article 1089.

Il a raisonné de même et a voulu éviter un pareil pléonasme au chapitre des successions, où il ne s'occupe que des héritiers légitimes réguliers, et il n'a pas pu croire qu'on tentât d'en extraire quelques règles pour les appliquer aux successeurs irréguliers.

Au contraire, lorsque le sujet n'avait rien de spécial aux enfants légitimes et qu'il a voulu honorer ceux-ci d'une faveur toute particulière, il n'a pas craint de recourir aux adjectifs. C'est ainsi que dans les articles 351, 913, 960, il dit « descendants légitimes; » c'est ainsi qu'au titre de la puissance paternelle, il croit nécessaire de faire un article (383) pour particulariser le mot pourtant bien général d'*enfants*.

A propos des articles 351 et 960, nous pouvons encore ajouter qu'ils nous montrent comme exclusivement attaché à la légitimité l'avantage d'empêcher le retour des choses données.

On s'appuie encore sur l'article 757, lequel règle, dit-on, les droits de l'enfant naturel reconnu sur la totalité des biens de ses père et mère, sans distinction de ceux qui peuvent avoir été donnés par les ascendants.

A cet argument qui suppose prouvé ce qui est à démontrer, nous répondrons néanmoins que les articles 748, 749, 750, déterminent aussi, dans des termes absolus, les droits des frères et sœurs, mais qu'ils doivent être, dans leur interprétation, rapprochés de l'article 747.

N'isolons donc pas l'article 747 de l'article 757, car de leur combinaison jaillit la lumière.

Qu'importe maintenant qu'on nous dise : l'enfant naturel, dans l'hypothèse où sa position est sans contredit la moins favorable au cas de concours avec des enfants légitimes, conservera sa part intacte; au contraire, en présence de frères, de sœurs ou de collatéraux plus éloignés, il subira le prélèvement de l'ascendant.

Il est bien clair que si vous supposez une postérité légitime au donataire, vous nous ramenez aux règles normales des successions, et dès lors à l'application ordinaire de l'art. 757.

Nous ne sommes pas touché non plus de l'argument de Chabot : « La reconnaissance faite par un père ou une mère est au moins un legs sur sa succession; or l'ascendant est tenu d'acquitter les legs. »

Cette identification est loin d'être juste; elle confond deux actes dont l'objet est profondément dissemblables : l'un, le legs, transmet la propriété; l'autre, la reconnaissance, transmet un nom, constate une filiation. Sans doute, la constatation de cette filiation amènera une transmission de biens, mais ce résultat sera tout à fait indirect et éloigné.

Je ne vois donc pas, dans la reconnaissance comme dans le legs, l'indice indubitable de la volonté de supprimer le retour de l'ascendant (Conf. Cassation, 3 juillet 1832; rej., 9 août 1854; Douai, 14 mai 1851; MM. Massé et Vergé sur Zachariæ, t. II, p. 286, note; Legentil, *Revue critique de jurisprudence*, t. I, p. 354 et 489; M. Pont, *id.*, t. II, p. 12, n° 4; M. Marcadé sur l'art. 352; M. Poujol, t. I, n° 220, *Des successions*. — M. Marcadé abandonne sa première opinion sur l'art. 747; M. Poujol semble se rétracter dans ses numéros postérieurs).

38. Nous avons, avant de passer à un autre ordre d'idées, une dernière question à discuter.

Le donataire est mort, il a laissé des enfants auxquels a survécu le donateur, déclarerons-nous ouvert le retour légal?

Donnons le pas au droit sur le sentiment, et, malgré le touchant intérêt qu'inspire un homme qui a vu successivement mourir tous ses descendants, disons *non*, avec une jurisprudence à peu près constante [1] et la majorité des auteurs.

[1] Je ne connais que deux arrêts contraires : l'un, de Toulouse, 16 avril

Sans doute l'esprit de la loi autoriserait la solution contraire; mais son texte est si catégoriquement clair, qu'il doit être inflexiblement suivi.

Les ascendants, dit-il, succèdent aux choses par eux données *à leurs enfants ou descendants décédés sans postérité.* Eh bien! cette phrase, analysée grammaticalement, présente à tout homme, jurisconsulte ou non, le sens suivant :

Les ascendants succèdent aux choses données à leurs enfants décédés sans postérité ou données à leurs descendants (des petits-fils) décédés sans postérité.

Le donataire est tantôt l'enfant, tantôt un descendant d'un degré inférieur; mais, quel qu'il soit, il faut : 1° qu'il meure avant le donateur; 2° qu'il meure sans postérité. — En l'absence de l'une de ces conditions, le retour s'évanouit.

La dernière partie de l'article 747 corrobore singulièrement notre théorie. — Ils succèdent, dit-il, à l'action en reprise que pouvait avoir le donataire.

Et le donataire, quel est-il si ce n'est celui qui a reçu directement la libéralité des mains de l'ascendant? Quant aux enfants de ce donataire, ce ne sont point des donataires en sous-ordre, ce sont des héritiers dans le patrimoine desquels les choses données ont perdu leur caractère primitif pour devenir des biens héréditaires entièrement semblables à d'autres.

Je sais bien que dans les donations de biens à venir, les enfants du donataire sont réellement investis d'un droit prop— et sont comme leur auteur de vrais donataires, mais telle n'est pas notre hypothèse; nous raisonnons en présence d'une donation de biens présents : une donation de biens à venir, en effet, ne saurait être susceptible du retour légal, puisque, du vivant du donateur, elle n'opère aucune transmission en faveur du donataire.

La doctrine que nous exposons n'a pas rallié tous les auteurs. Quelques-uns d'entre eux, imbus des vieilles théories coutumières, l'ont énergiquement repoussée; mais, comme le dit dans un de ses arrêts la Cour de cassation, la question ne doit pas se décider d'après les coutumes, mais d'après le Code. C'est

1810; l'autre, de Metz, 1er mars 1816. — La Cour de Toulouse a même abandonné son système, le 9 janvier 1815.

ce qu'a, du reste, compris et avoué le premier défenseur de l'opinion que nous rejetons, Malleville : « A suivre rigoureusement, dit-il, les termes de notre article, on ne pourrait s'empêcher de décider que le droit est éteint, par cela seul que le donataire n'est pas mort sans enfants.

Mais, en dépit du texte de la loi, il adopte la doctrine coutumière, il pourrait dire

Video meliora...
Deteriora sequor.

Après avoir invoqué la tradition, nos adversaires soutiennent qu'il serait illogique de refuser au donateur la faveur dont jouit le père adoptif, auquel il est permis de reprendre les biens donnés dans la succession des enfants légitimes de l'adopté *donataire*.

Si le législateur n'a pas répété dans l'art. 747 cette disposition déjà insérée dans l'art 951, c'est qu'il n'a pas entendu l'y comprendre, et avec raison, selon moi ; l'adoptant étant, à la différence de l'ascendant légitime, toujours exclu de la succession ordinaire, je conçois très-bien qu'en dédommagement de cette exclusion son droit ait reçu une extension exceptionnelle. Un argument nouveau à l'appui de la thèse que nous combattons a été présenté devant la Cour de cassation, le 20 mars 1850. On a dit : Le projet de l'art. 951 portait *in fine* : « Il (le retour conventionnel) n'aura pas lieu sans stipulation, si ce n'est au profit des ascendants, ainsi qu'il est réglé par l'art. 30 (747 actuel) du titre des successions. » Il résultait évidemment, a-t-on dit, de cette disposition que le retour légal avait, dans l'intention du législateur, la même étendue que le retour conventionnel, et devait, par conséquent, s'exercer même dans la succession des enfants du donataire morts sans postérité.

Ce raisonnement est bien hardi ; il conduirait, en le pressant un peu, à l'assimilation du retour légal au retour conventionnel. Non ! on voulait tout simplement par ce paragraphe, d'ailleurs retranché, faire ressortir la diversité d'origine de ces deux droits, dont l'un est stipulé par l'homme et l'autre par la loi. Mais quant à leurs règles respectives, loin de les confondre, le projet renvoyait pour celles du retour légal à l'art. 747, ainsi qu'il est réglé par l'art. 30 (747). Or, on sait si cet art. 747 est précis sur notre question.

Quand une loi est claire, disait Portalis dans son exposé des motifs de notre Code, il faut la suivre. Obéissons ici à ce sage précepte, et ne recourons aux investigations historiques que lorsqu'elles doivent éclairer le sens d'un texte obscur [1].

§ 3. — *De l'objet du retour.*

39. La troisième condition nécessaire à l'exercice du droit de retour, c'est la présence en nature des choses données dans la succession, ou tout au moins la créance de leur prix ou leur action en reprise.

Ceci nous amène à parler de l'objet du retour, droit bien fragile et bien éventuel, comme on le voit. Cette dernière condition apportée à l'exercice du retour est très-raisonnable pour trois motifs :

I. Elle simplifie singulièrement la liquidation de la succession de l'ascendant, en écartant tout ce qui n'est pas physiquement ce qui a été donné.

II. Elle concourt au but de la donation, lequel a été de fournir au donataire des moyens d'établissement, de spéculation, etc. Le donataire, en effet, dispose à son gré des objets compris dans la donation, ainsi que le prouve surabondamment l'article 747.

1° En bornant le droit de reprise de l'ascendant aux choses qui se retrouvent en nature dans la succession, et en validant ainsi les aliénations à titre gratuit et onéreux faites par le donataire.

2° En allouant à l'ascendant le prix qui pourrait être dû, et en le forçant ainsi à respecter toute aliénation.

3° En considérant l'ascendant comme un héritier (il succède), en l'obligeant ainsi à recueillir la succession dans l'état où la laisse le défunt.

III. Enfin, la condition dont nous parlons rend à la circu-

[1] La majorité des auteurs se prononce dans notre sens, ainsi que la jurisprudence, dont les arrêts les plus récents sont : Agen, 9 novembre 1847; Bastia, 21 août 1848; Req., 20 mars 1850.

lation et affranchit de la substitution clandestine qui les grevait autrefois, dans les pays de droit écrit, une catégorie de biens nécessairement nombreuse.

Toutefois, l'art. 951 offre aux ascendants qui regretteraient la législation du Midi de la France le moyen de la faire revivre à leur profit (Rej., 7 août 1839).

Une Cour d'appel (Agen, 13 mars 1817, 11 décembre 1827) a essayé de restreindre le droit illimité de disposition du donataire en annulant le testament ou l'institution contractuelle qui dépouillaient l'ascendant donateur.

Cette théorie est restée sans écho dans la doctrine et dans la jurisprudence; il en devait être ainsi.

Le donateur est appelé à recueillir l'objet de sa libéralité à titre successif; il doit donc, comme tout autre héritier, subir les charges, et, par conséquent, les legs dont la succession privilégiée est grevée. Vainement on dit : Les biens légués se retrouvent encore en nature dans sa succession. Sans doute, leur présence toute matérielle est inévitable, puisqu'au décès seul du donateur le testament produit son effet translatif de propriété, mais légalement ils ne font plus partie de la succession légitime à laquelle est seulement appelé l'ascendant. Ils en sont sortis avec la même efficacité que s'ils eussent été donnés par acte entre-vifs. La loi, en effet, reconnaît aux donations entre-vifs et aux testaments une égale puissance translative de propriété et les met sur la même ligne comme modes de disposition à titre gratuit.

La jurisprudence a maintenu si rigoureusement ce droit de tester qu'elle l'a reconnu même sous l'empire d'une clause portant prohibition d'aliéner et d'hypothéquer. (Cassation, 2 janvier 1838.)

Telle était bien, du reste, la pensée des rédacteurs du Code. Treilhard, au Conseil d'Etat, disait : « Le fils a tellement pu disposer qu'il a pu donner. » Or, dans le langage de la loi, ce mot *donner* a la plus large acception et s'applique même aux testaments. « Donation entre-vifs et testamentaire, » dit l'art. 711.

40. La loi fait succéder l'ascendant aux choses données; elle ne spécifie pas le genre de donation auquel est attaché le retour légal. Tout acte où nous rencontrerons un dessaisissement gratuit actuel, irrévocable du donateur, pourra donc dé-

venir l'objet du retour; mais si la libéralité, neutralisée par des clauses onéreuses, ne procure à celui qui la reçoit qu'un avantage à peu près insignifiant, nous la qualifierons de contrat à titre onéreux et nous la rendrons aussi indépendante de l'art. 747; *non quod dictum est, sed quod factum est.* (Nancy, 31 janvier 1833; Trib. civ. de la Seine, 6 juillet 1849; Dall., 1849, 3, 76.)

On a douté qu'un partage d'ascendants fait par acte entre-vifs pût donner ouverture au droit de retour; son objet qui est la répartition anticipée de la succession entière ou partielle que laissera l'ascendant, ses causes de nullité et de rescision semblaient le mettre en dehors des donations ordinaires. Cependant la jurisprudence (Lyon, 2 avril 1840, Douai, 14 mai 1851) a compris qu'en définitive, ce partage consigné dans un acte notarié offrait le caractère dominant de la donation, le dépouillement irrévocable, le désinvestissement entier de la propriété, et que dès lors il tombait sous l'application de l'art. 747.

La loi dit : *les choses données.* Quelle expression serait plus générale, plus illimitée: meubles et immeubles, biens corporels et incorporels, un cheval, un champ, une donation ou renonciation de biens successifs, obligations ou constitutions de rente (1567), usufruit, tout rentre dans le domaine immense du retour légal; tout, pourvu que cela se retrouve en nature. La constatation de l'identité des objets donnés, lorsqu'il s'agira de meubles, s'établira au moyen de l'état estimatif qu'on aura dû joindre à la donation (948). Un usufruit, avons-nous dit, est susceptible d'être frappé du retour légal; mais entendons-nous : l'usufruit dont le père s'est dépouillé en faveur de son fils se rattache-t-il à une nue-propriété dont un tiers est investi, alors, évidemment, à la mort du donataire, l'usufruit dont la durée est celle de la vie du donateur revient à ce dernier.

Mais si nous supposons que le fils soit déjà nu-propriétaire du bien dont il reçoit de son père l'usufruit, alors l'usufruit se trouve irrévocablement éteint, et le prédécès du donataire ne saurait le faire renaître.

41. Les mots : en nature, de l'art. 747, lesquels pourtant présentent un sens bien saisissable à l'esprit, ont été singulièrement torturés par la jurisprudence et les auteurs.

Pour nous, nous pensons que l'interprète, sous peine d'usurper le rôle de législateur, doit respecter leur lettre stricte.

Eh bien ! quelle est leur traduction grammaticale ? Celle que la loi nous donne elle-même dans l'article 1015 ; c'est identité corporelle, matérielle.

D'où nous conclurons à l'extinction radicale du retour contre tout ascendant qui ne pourra pas dire avec une certitude entière : Voilà ce que j'ai donné, ce que la succession n'aurait point sans ma libéralité.

Je n'admets donc point de subrogation d'emploi ; je veux, avec la loi, la présence en nature de l'objet redemandé par l'ascendant. Si je rencontre, par exemple, un objet acquis en échange de l'objet donné, je le laisse dans la succession au profit des héritiers ordinaires. Non, nous dit-on, la loi permet au donateur de succéder au prix encore dû de l'objet vendu. Pourquoi ? parce que ce prix, non encore confondu avec les autres biens héréditaires, est facilement reconnaissable. Eh bien ! l'objet reçu en contre-échange se distingue aussi très-aisément des autres objets de la succession. Pourquoi en refuser la reprise à l'ascendant ? Pourquoi ? parce que la loi le défend. La règle est celle-ci ; l'objet doit se retrouver en nature. A cette règle, je ne vois écrite qu'une exception, celle qui transporte le droit de l'ascendant sur le prix non payé, ou sur l'action en reprise.

Dira-t-on que, dans l'échange, chacun des objets échangés est le prix de l'autre ? Mais alors, selon les termes de notre article, le prix sera payé, et le retour dès lors évanoui.

Le système contraire élargit donc une exception dont les limites sont tracées, il bouleverse le sens des mots, il arrive à prétendre qu'un cheval échangé contre un bœuf, un champ contre une maison, se retrouvent encore en nature dans la succession.

Nos adversaires ont exhumé, dans l'intérêt de leur opinion, la vieille théorie qui admettait les subrogations de plein droit *in judiciis universalibus*, et ont tâché de démontrer son applicabilité à l'article 747.

Mais cette application n'est pas possible : 1° parce que précisément l'ascendant ne succède point à une universalité de biens, mais à un ensemble de biens particuliers déterminés, énumérés dans l'acte de donation ; en un mot, parce qu'il est *successor in re singulari*, comme l'ont répété les auteurs après Ferrière;

2° Parce que toutes les fois que la loi a voulu subroger *ipso jure* un objet à un autre, elle a pris la peine de le dire. Voyez, en effet, les articles 1407 et 1559; il est vrai qu'on les invoque contre nous par analogie, mais bien à tort. Ces articles constituent une dérogation au droit commun : le premier, à la règle que les immeubles acquis pendant le mariage tombent en communauté; le second, au principe de l'inaliénabilité de l'immeuble dotal.

Ils ne sauraient donc être étendus d'un cas à un autre.

Du reste, nous aussi nous pourrions recourir à un argument par analogie, à l'article 1038, qui, en décidant que l'aliénation par échange de la chose léguée emporte la révocation du legs, montre bien que, de deux objets reçus ou donnés en échange, l'un ne représente pas l'autre dans le patrimoine respectif des contractants (Conf. Belost-Jolimont sur Chabot, art. 747, note II; Marcadé, art. 747; MM. Ducaurroy, Bonnier et Roustain, sur l'article 747; M. Demante, art. 747; M. Mazerat, même article. (*Questions sur le Cod. civ.*).

42. Nous repoussons également l'opinion qui veut soumettre au retour la chose acquise en remploi de la chose donnée.

Dès que le prix a été payé, aux termes bien formels de notre article, le retour est éteint. Comment ce retour pourrait-il revivre par l'emploi de ce prix?

43. Il peut arriver que les biens donnés se retrouvent identiquement en nature dans la succession, et que cependant ils soient soustraits au retour; par exemple, après avoir été aliénés valablement, ils sont rentrés dans le patrimoine du donataire par achat, succession, donation ou autrement.

Ils ont été aliénés, disons-nous; aussitôt s'est évanouie une des conditions nécessaires à l'exercice du retour légal.

Sans doute, aujourd'hui nous constatons leur présence en nature dans la succession, mais nous ne retrouvons pas leur qualité primitive de biens donnés.

Ce sont maintenant des biens achetés, des biens donnés peut-être, comme on l'a dit, par un autre ascendant; et, dans cette dernière circonstance, quel sera donc l'ascendant préférable? Assurément, le dernier. Cette hypothèse ingénieuse, due à M. Dalloz tranche la question.

Elle a ébranlé la conviction de M. Poujol, auteur qui nous est contraire, et qui abandonne son opinion pour ce cas tout particulier ; mais alors voilà une distinction dont je ne trouve la trace et la justification nulle part dans la loi, et qui montre bien l'inexactitude du système que nous rejetons.

11. Chabot, Malleville et d'autres auteurs à leur suite, ont posé, à propos de ces mots *en nature*, une série de questions que le texte seul suffit bien à résoudre ; mais on dirait qu'en cette matière les interprètes, rebelles à la loi, ont pris à tâche d'inventer des difficultés : *unâ avulsâ, non deficit altera.*

Le donateur d'une somme d'argent peut-il reprendre dans la succession du donataire une somme équivalente? Chabot décide l'affirmative (Conf. Rejet, 30 août 1817). Une pièce de monnaie, dit-il en substance, en vaut une autre ; l'argent est une de ces choses que la loi appelle fongibles, c'est-à-dire susceptibles de se remplacer l'une par l'autre : *aliæ aliarum vice funguntur.*

Cette théorie sur les choses fongibles est purement imaginaire ; elle n'a plus cours aujourd'hui, et c'est justice. Nulle chose au monde n'est fongible en soi de sa nature quoi qu'en dise la loi (1878, 1894 C. Nap.) ; elle ne le devient que par la volonté de l'homme.

Ces écus que je remets à un emprunteur me seront rendus en espèces équivalentes, tandis qu'ils me seront rendus tels quels, si je les remettais à un commodataire, à un changeur, par exemple, qui les destinerait à l'étalage de sa boutique. Il est donc faux de dire que toujours un écu en représente un autre ; et, dans notre cas, notre assertion reçoit un démenti de l'article 747, dans les mots *en nature.*

Cette dernière expression est celle de la loi, lorsqu'elle exige la restitution de la chose même donnée (1915) ; quand la loi se contente d'un équivalent, elle parle autrement ; elle dit... « de choses de même espèce et qualité. » (587, 1892.)

L'article 1250-2 nous prouve très-bien encore qu'aux yeux de la loi le numéraire ne remplace pas toujours le numéraire.

Du reste, cette doctrine sur les choses fongibles rendra impossible, comme l'a fort bien prouvé M. Duranton, l'application de l'article 1238 : le créancier consommateur de bonne foi d'une somme d'argent à lui payée par un incapable ou un *non dominus* devrait toujours la rendre, sous le prétexte qu'il a ou qu'il peut avoir des espèces équivalentes à celles qu'il a reçues : *genera non pereunt.*

Si l'on dit ensuite à Chabot : mais, après un long temps écoulé, vous risquez d'attribuer à l'ascendant, à la place de l'argent qu'il a donné, une somme provenant, soit de l'industrie du donataire, soit de toute autre source, et de lui faire reprendre ainsi un bien qu'il n'a pas donné. Chabot répond que si le donataire n'avait pas reçu 20,000 fr., par exemple, de son ascendant, il y aurait dans la succession 20,000 fr. de moins, et qu'ainsi la somme de 20,000 fr. qu'il laisse en mourant est celle qu'il a reçue, ou la représente, ou en est le produit.

A ce compte, le retour serait toujours possible ; le donataire vend l'immeuble de 20,000 fr. qu'il a reçu, il en touche le prix, il laisse 20,000 fr. de plus dans la succession que s'il n'avait pas été gratifié par son ascendant. Adjugeons donc les 20,000 fr. à l'ascendant, au mépris du texte positif de l'art. 747.

Toutefois Chabot, renversant la disposition de l'art. 1315, réserve aux héritiers du donataire la faculté de prouver que la somme donnée a été employée par leur auteur à ses affaires ; car, dit-il, la présomption de fait et de droit est que la somme qui se trouve dans la succession du donataire est la même que celle qui a été donnée.

Il faudrait bien plutôt poser la prescription inverse, car l'argent donné est presque toujours, dans l'intention commune du donateur et du donataire, destiné à un emploi quelconque. Malleville repousse même ce léger tempérament que Chabot apporte à sa doctrine, et, oubliant qu'il est interprète pour devenir comme autrefois législateur, il maintient le retour même au cas où le donataire aurait prêté ou donné en payement à ses créanciers l'argent qu'il a reçu, dans tous les cas où la somme n'a pas péri, ou n'a pas été dissipée sans emploi utile.

En vérité, l'argent jouit de faveurs bien marquées.

L'ascendant manquera rarement de recouvrer sa libéralité pécuniaire.

On nous fait, il est vrai, un reproche contraire ; on nous dit que notre doctrine rend impossible le retour du numéraire.

Cela n'est pas exact : supposez un donataire qui ne s'est point dessaisi de l'argent reçu, de peur de mal le placer, ou bien qui l'a déposé chez un ami ou un notaire, forcés l'un et l'autre de respecter son identité.

Néanmoins, comme la théorie doit céder quelquefois aux exigences de la pratique, j'admettrais volontiers que l'ascendant reprendra la somme, objet de sa libéralité, entre les mains d'un banquier ou d'un emprunteur, auquel l'aurait remise le donataire [1].

Telle était l'interprétation que Treilhard donnait au Conseil d'État des mots *en nature*, lorsqu'il disait : l'argent même peut se retrouver dans le cas d'une créance qui n'est pas payée.

Ainsi, le donataire succéderait, en quelque sorte, à une créance pareille à celle que lui donne la loi sur le prix de l'objet aliéné.

Mais il y a loin de ce système à celui qui ne s'inquiète pas de l'origine des sommes qu'il alloue à l'ascendant en remplacement de celles qu'il a données.

45. Chabot suppose encore, mais ici plusieurs auteurs, partisans de la doctrine précédente, l'ont abandonné, suppose, dis-je, que la donation a eu pour objet des billets, des obligations et des effets publics, et qu'il se retrouve du numéraire dans la succession, ou réciproquement.

Chabot met argent et billets sur la même ligne, et rend de l'argent à celui qui a donné des billets, *et vice versâ*.

Nous sommes loin des mots *en nature* : Chabot les biffe tout simplement.

A coup sûr, l'ascendant ne reprend pas ce qu'il a donné ; il avait donné de l'argent, vous lui rendez un billet, ou réciproquement ; ne dites pas qu'un billet vaut de l'argent, parce qu'il offre le moyen de s'en procurer. Un bijou, un diamant valent de l'argent aussi ; vous les attribueriez donc au donateur d'espèces. Non, n'est-ce pas ? Et cependant ils peuvent même être plus infailliblement convertis en numéraire qu'un billet. Ce billet, en effet, a peut-être été souscrit par un homme insolvable qui ne le payera jamais, ou qui n'acquittera qu'une portion de son montant nominal.

[1] La Cour supérieure de Bruxelles (24 juillet 1828) n'a pas même admis le correctif que j'indique. Elle a positivement déclaré notre article inapplicable au cas où la chose donnée est une somme d'argent.

Les lois romaines avaient bien raison de dire ; *minus est habere actionem quam rem.*

Au donateur d'une somme d'argent à qui vous rendez un billet, vous rendez donc quelquefois moins qu'il n'a donné ; au donateur d'un billet à qui vous rendez une somme d'argent ; vous rendez donc souvent plus qu'il n'a donné ; et alors même que le billet serait l'exacte représentation de l'argent, vous vous exposez toujours à rendre autre chose que ce qui a été donné, car après dix, vingt, trente ans, qui vous dit que la créance que vous attribuez au donateur, au lieu d'être le produit des écus de celui-ci, n'est pas, au contraire, le fruit des épargnes ou du travail du donataire.

Revenons donc au texte de la loi, et disons que le donateur de billets reprendra ceux qu'il a donnés et que le donataire n'aura point encaissés, et non pas les premiers venus.

46. Repoussons aussi, sans hésitation, l'opinion de ceux qui prétendent soumettre au retour le bien acquis de l'argent que l'ascendant a donné.

Quoi ! l'ascendant aura donné de l'argent, et il reprendra un champ, une maison ; mais alors il faut supprimer les mots *en nature* de l'art. 747, et déclarer indestructible le droit de l'ascendant, dire qu'il renaît de ses cendres, et que l'acte qui l'anéantit le fait revivre aussitôt.

Toutes ces subrogations sont arbitraires, réprouvées par l'esprit de notre Code. Est-ce que l'immeuble acquis des deniers dotaux est dotal ? Est-ce que l'immeuble donné en payement de la dot constituée en argent est dotal ? La Cour de cassation pourtant, si disposée à étendre le retour, s'est arrêtée ici devant le texte de la loi ; elle a décidé que l'immeuble que la femme avait reçu de son mari après la séparation de biens en payement de la dot échappait au retour légal (7 fév. 1827).

47. L'ascendant reprend sa chose dans l'état où elle se trouve, hypothéquée, grevée de servitudes, détériorée même par le fait du donataire.

Mais, en revanche, il profite de l'extinction des servitudes ; il reprend, par exemple, la pleine propriété du bien dont l'usufruit s'est éteint dans l'intervalle de la donation et du retour.

Il jouit des augmentations survenues au bien donné par l'alluvion ou la formation d'îles ou atterrissements dans les rivières non navigables et flottables ; mais pourrait-il se refuser à tenir compte aux héritiers du donataire des améliorations que leur auteur a faites sur le bien donné, par exemple, de la valeur d'un bâtiment construit sur le fonds ? Je ne le pense pas. Je veux bien que l'ascendant bénéficie des accroissements accidentels et fortuits qu'a reçus la chose et dont elle eût été enrichie même entre les mains du donateur ; mais nous rendrions à ce dernier plus qu'il n'a donné et nous l'enrichirions aux dépens d'autrui, si nous lui accordions sans récompense les améliorations, œuvre de l'homme.

Toullier a pourtant soutenu, et M. Delsol après lui, que, de même que l'ascendant donateur n'avait aucune indemnité à réclamer à raison des détériorations des biens donnés, de même il ne devait aucune récompense des améliorations faites par le donataire.

Ce système séduisant par sa simplicité et par l'avantage qu'il présente de prévenir des procès, je ne le crois pas juste.

La compensation est impossible ici ; elle ne serait admissible qu'autant que l'ascendant pourrait se plaindre des dégradations commises par le défunt ; alors, le préjudice qu'il éprouverait serait réparé par le bénéfice qu'il retirerait des améliorations.

Mais, nous l'avons dit, l'ascendant forcé de subir une aliénation doit, à plus forte raison, se résigner à des pertes partielles.

La base de la compensation fait donc défaut. Tel est, du reste, l'esprit de notre législation, qui plusieurs fois a sanctionné ce principe, que nul ne doit s'enrichir aux dépens d'un tiers, ce tiers fût-il un possesseur de mauvaise foi.

Je n'admettrais pas davantage l'opinion de Toullier, qui adjuge sans récompense pour les frais de labours et de semence les fruits existants sur les terres et non coupés à l'ouverture de la succession.

C'est violer, ce me semble, l'art. 548, auquel une exception unique a été apportée par l'art. 585, en faveur de l'usufruitier ; — Toullier en crée une seconde, de sa propre autorité ; elle doit être rejetée comme arbitraire.

48. La chose a été aliénée, il semblerait alors que le droit de retour dût s'éteindre faute d'objet.

La loi a tempéré la rigueur de son principe, et, par une application de ce brocard que l'on rencontre dans le très ancien droit français : *pretium succedit loco rei*, elle déclare que le retour se déplacera en quelque sorte, émigrera et viendra se fixer sur le prix.

Ce système est peut-être une réminiscence des idées romaines (§ 41, Inst., 2-1), selon lesquelles l'aliénation n'était regardée comme définitive qu'après le payement du prix, à tel point que le vendeur ne cessait d'être propriétaire qu'après son désintéressement.

La loi française, s'inspirant de cette théorie, a dit : La chose est vendue, sans doute ; mais enfin le prix est dû : le vendeur est bien désinvesti de la propriété ; mais il pourrait la recouvrer si l'acheteur n'accomplissait point son obligation de payer le prix.

Ce motif à lui seul serait insuffisant et deviendrait inexact si le vendeur s'était interdit, par une renonciation à l'action en résolution, le droit de rentrer, à défaut de payement du prix, dans la propriété de l'objet aliéné.

Il faut donc justifier autrement le législateur d'avoir transporté le retour sur le prix encore dû, et il faut dire : Tant que le prix n'est pas payé ; tant qu'il n'est pas confondu avec le numéraire du donataire, l'ascendant peut dire : Voilà bien l'argent provenu de la chose par moi donnée ; voilà une créance dont ma libéralité est la cause efficiente, une créance qui représente, qui remplace l'objet que j'ai donné.

49. Le prix consistera, soit en une somme d'argent, soit en une rente viagère ou perpétuelle. La rente viagère sera, bien entendu, constituée sur une tête autre que celle du donataire ou de ses enfants. M. Marcadé prétend que la constitution d'une rente comme prix de la vente équivaut au payement de ce prix : d'où il suit que l'ascendant n'a aucun droit aux arrérages échus postérieurement à la mort du donataire, pas plus qu'il n'en aurait aux intérêts de la somme d'argent versée dans la caisse du donataire.

Ce rapprochement entre les arrérages d'une rente et les intérêts d'une somme d'argent, exact en matière d'usufruit, où la loi a voulu éviter des difficultés d'appréciation, devient faux si on le généralise.

Et d'abord, en ce qui touche la rente viagère, chacun de ces arrérages entraîne en quelque sorte avec lui une portion de capital, de sorte que leur collection représente le capital entier : donc si, à la mort du donataire, la rente viagère subsiste encore, le capital n'a donc pas été payé complétement ; ce qui en reste est, en quelque sorte, le reliquat du prix de la vente, il doit donc être attribué à l'ascendant.

En ce qui touche la rente perpétuelle, je ne puis croire encore que sa seule constitution implique le payement du prix. Mais si le prix était payé, est-ce que le crédirentier aurait le droit d'obtenir, à défaut du payement des arrérages, la résiliation du contrat et sa réintégration dans le fonds moyennant l'aliénation duquel la rente avait été constituée.

N'est-ce pas là un droit tout à fait analogue à celui dont est investi le vendeur créancier du prix ? De plus, l'autre motif qui a fait soumettre le prix au retour subsiste ici : nous avons une créance, c'est-à-dire un bien distinct des autres valeurs héréditaires, un bien dont l'ascendant peut dire : C'est le mien, c'est le produit de ma chose.

Mais je ne dirais pas avec Delvincourt que le retour doit être maintenu, si la rente, au lieu d'être le prix direct de la vente de l'immeuble, avait été substituée à ce prix au moyen d'une novation postérieure par changement de dette. Nous ne sommes plus dans les termes de la loi : si l'on décompose l'opération, on trouve que le prix a été payé, puis rendu à l'acquéreur, qui l'a gardé à titre de constitution de rente.

50. Nous assimilerons à un prix ordinaire l'indemnité que l'État, les départements et les communes accordent à ceux qu'ils exproprient pour cause d'utilité publique, soit après un arrangement amiable, soit après la décision du jury. La loi, du reste, lui donne le nom de *prix* dans l'art. 18 de la loi du 3 mai 1841 ; elle transporte sur le prix les droits des créanciers et autres intéressés.

La vente est forcée, disait M. Renouard à la Chambre des députés (séance du 1er mars 1841), les conditions doivent être équitables pour l'*acheteur* auquel l'intérêt public impose la nécessité d'acquérir, équitables pour le *vendeur* qui, en échange de la chose, doit préalablement en recevoir le *prix*.

51. La question deviendrait délicate, si l'ascendant voulait se

faire adjuger l'indemnité non payée de l'assurance de l'immeuble qu'il a donné, et qu'a dévoré l'incendie.

Sa prétention, à mon sens, ne serait pas fondée. Il ne demande pas la chose en nature, elle a péri. Il n'en demande pas le prix : la somme assurée (c'est la Cour de cassation qui parle) n'est pas un prix de vente, mais le produit du contrat d'assurance, sans lequel elle ne serait pas due.

Le retour légal n'aurait donc point ici l'un des deux objets que le Code lui a limitativement assignés. La loi n'a pas borné ses faveurs à l'attribution à l'ascendant du prix non payé de la chose donnée, elle a encore investi l'ascendant de l'action en reprise que pouvait avoir le donataire sur un bien précédemment aliéné.

52. L'action en reprise naît, soit à l'occasion d'une aliénation pure et simple, soit à l'occasion d'une aliénation résoluble, soit enfin à l'occasion d'une aliénation sujette à rescision.

I. A l'occasion d'une aliénation pure et simple.— Tel est le cas où l'ascendant redemande la restitution de la dot en argent constituée sous les régimes sans communauté et dotal. Ce cas a été cité dans la discussion au Conseil d'Etat [1]. Si la dot consistait en immeubles ou en meubles non estimés, la femme n'aurait jamais cessé d'en être propriétaire, et l'ascendant la trouverait en nature dans le patrimoine de la donataire.

L'ascendant reprend encore l'apport que la femme s'est réservé franc et quitte (1514), les valeurs mobilières qu'elle a exclues de la communauté.

Enfin, il exerce les reprises qu'avait l'époux donataire sur la masse des biens communs.

Il reprend, aux termes des articles 1471 et 1492 :

1° Les biens qu'il a donnés, et qui ne sont point entrés en communauté. Alors, à bien dire, la chose donnée n'est jamais sortie du patrimoine du défunt ; l'ascendant l'y retrouve en nature ;

2° Les biens acquis en remploi des biens donnés. Voici une extension exceptionnelle de droit de retour ; elle est formellement autorisée par la loi ;

[1] L'art. 905 du Code de la Louisiane concède tout spécialement à l'ascendant le droit de reprendre la dot constituée en argent.

3° Le prix des biens donnés, versé dans la caisse commune. Autre exception aux principes. Il y a plus : ce prix auquel l'ascendant a droit pourra consister non pas seulement en argent, mais en meubles; non-seulement en meubles, mais en immeubles de la communauté.

Et même, si l'ascendant exerce l'action en reprise du chef de la femme, il transportera son droit sur les biens personnels du mari, en cas d'insuffisance des biens de la communauté (1472).

II. Action en reprise, née à l'occasion d'une action résoluble — Peu importe que la condition résolutoire soit expresse ou tacite.

Condition résolutoire expresse. Exemple ; celle qui résulte de l'exercice du réméré ; et l'ascendant qui usera du réméré devra naturellement, comme eût dû le faire le défunt duquel il tient ses droits, rembourser le prix principal, les frais et loyaux coûts de la vente, etc. (1673).

L'ascendant pourra encore faire rentrer le bien donné que le donataire aurait aliéné à son tour à titre gratuit, si les conditions dont la libéralité était grevée ne sont point exécutées (953, 954).

Condition résolutoire tacite. Telle serait l'ingratitude du donataire auquel le défunt aurait donné le bien qu'il tenait de son ascendant.

Telle serait encore la survenance d'un enfant au défunt, donateur en second.

Dans ce dernier cas, il est bien clair que l'enfant survenu au descendant donataire devra n'avoir point survécu à son père.

Maintenant le donataire est un époux commun en biens.

Le bien donné est tombé en communauté, soit par la volonté de l'homme, soit par celle de la loi.

L'ascendant donateur a-t-il alors perdu tout espoir de recouvrer jamais par le droit de retour le bien donné ? je ne le crois pas. D'abord l'époux dont le bien est devenu commun en est toujours au moins copropriétaire pour moitié. Il y a plus : par l'effet du partage de la communauté à sa dissolution, il peut en devenir propriétaire pour le tout ; et comme il sera censé avoir toujours eu la propriété de l'objet qu'il recouvre, l'ascendant élèvera alors de justes prétentions à la restitution des biens; ou même, sans avoir recours à la fiction du partage, on peut dire : avant le partage, l'époux donataire était propriétaire sous la condition *suspensive* que l'objet donné tomberait dans son lot, et son conjoint était propriétaire sous la condition résolutoire que le bien ne tomberait pas au lot de l'autre époux.

Eh bien! la condition suspensive d'une part et la condition résolutoire de l'autre se sont réalisées; elles ont un effet rétroactif; l'époux donataire est censé n'avoir jamais perdu la propriété du bien qu'il tenait de son ascendant.

L'ascendant donateur succédera à l'action en partage, et il en subira les chances; il l'aura alors même qu'il ne serait point héritier ordinaire.

Chabot veut, à tort, selon moi, que les biens donnés soient divisés en deux lots; l'un pour le conjoint du donataire, l'autre pour la succession; et que, si cette division ne peut se faire commodément et sans perte, l'ascendant ait le droit de reprendre jusqu'à due concurrence les biens qui auraient été mis dans le lot de la succession, en remplacement de ceux qu'il avait donnés. L'art. 832 doit être inflexiblement suivi dans la composition des lots. Si le bien donné est un héritage qu'il ne faille point morceler, et dont l'exploitation ne puisse être divisée, il sera mis dans le même lot; et si le sort l'attribue au conjoint du donataire, c'est une mauvaise chance du partage que l'ascendant devra subir.

Outre, et même avant l'événement du partage, l'ascendant donateur a encore à redouter les reprises de l'autre époux auxquelles sont affectés tous les biens de la communauté. Ces reprises s'exercent dans l'ordre fixé par la loi; et si, entre plusieurs meubles ou plusieurs immeubles, il lui plaît précisément de reprendre l'objet donné, je ne vois pas où l'ascendant puiserait le droit de s'opposer à son choix.

De plus, si c'est la femme qui exerce ses reprises, et que les biens de la communauté soient insuffisants à y satisfaire, les biens personnels de l'époux donataire devront y être affectés; et, dès lors, le bien donné, qui ferait partie de la fortune particulière du donataire, serait exposé à passer à la femme, au détriment de l'ascendant donateur.

III. Action en reprise, née à l'occasion d'une aliénation sujette à rescision.

Si l'ascendant a l'action en reprise du bien valablement aliéné, à plus forte raison doit-il avoir celle des biens dont l'aliénation n'a été qu'apparente, et s'est trouvée viciée dès le principe.

Cette aliénation a été faite sous l'empire de l'erreur, du dol et de la violence, ou d'un pressant besoin d'argent, ou en état d'incapacité.

L'ascendant, bien entendu, sera contraint de restituer tout ce qu'aurait payé celui contre lequel il a obtenu la rescision de la vente.

Toutefois, s'il s'agissait d'une vente annulée pour cause d'incapacité du vendeur, et qu'il fût prouvé que le prix payé n'a point tourné au profit de l'incapable, je dispenserais de toute restitution l'ascendant ; car enfin l'action doit rester entre les mains de l'ascendant ce qu'elle était entre les mains du défunt, ni plus ni moins onéreuse.

Quant à la rescision de la vente d'un immeuble pour cause de lésion de plus des sept douzièmes éprouvée par le vendeur, l'ascendant la demandera, et s'exposera à toutes les conséquences de son action ; et, vis-à-vis de lui, le défendeur aura le choix ou de rendre la chose en retirant le prix qu'il avait payé, ou de garder le fonds, en payant le supplément du juste prix, sous la déduction du dixième du prix total (1681).

§ 4. — *De la nature du droit de retour.*

53. Nous avons fait, disait Portalis dans son discours préliminaire sur le Code Napoléon, une transaction entre le droit écrit et les coutumes.

Cette fusion ne se rencontre pas dans notre matière. Le système des coutumes a tout entier passé dans nos lois.

Le législateur a proscrit avec raison une théorie funeste au crédit du donataire, et destinée à tromper les créanciers trop confiants.

Aujourd'hui le donataire aliène à sa volonté les biens donnés ; ces biens sont le gage assuré de ses créanciers. L'ascendant, en effet, reprend la chose donnée à titre successif; son droit est un droit de succession.

Comment en douter, en voyant la place qu'occupe l'art. 747, et les expressions qu'il emploie? les *ascendants succèdent;* termes empruntés aux articles 313 et 315 des coutumes de Paris et d'Orléans, et desquels Pothier concluait déjà au caractère successif du droit de l'ascendant.

Vainement on chercherait à atténuer la portée des expressions dont nous tirons argument, en disant que Siméon qualifiait au Tribunat le droit qui nous occupe de *retour légal* et en ajoutant que, dans les articles 351, et 766 où il s'agit d'un droit analogue à celui de l'article 747, la loi emploie le mot *retourner.*

Ces expressions inexactes se trouvent même dans les auteurs coutumiers et dans quelques coutumes, et elles ont pu, par une réminiscence d'un vieux langage, échapper à la plume du tribun Siméon et des rédacteurs des articles 351 et 766.

D'ailleurs, le mot *retourner* de l'article 351 est, en quelque sorte, effacé par l'article suivant, où il est dit : « L'ascendant succédera aux choses par lui données, comme il est dit en l'article précédent (351). » Quant à l'art. 766, je démontrerais l'évidence, si je voulais prouver qu'il consacre un droit successoral au profit des frères et sœurs légitimes de l'enfant naturel.

Malleville a critiqué cette expression : « les ascendants succèdent; » il la trouve très-impropre, et ajoute qu'il n'est pas vrai que ce soit par succession que les ascendants reprennent les choses par eux données, puisqu'ils ont le droit de les reprendre sans être héritiers, et même en renonçant à la succession de leurs enfants.

Ce motif que donne Malleville à l'appui de son opinion n'est guère propre à la faire prévaloir. De ce que l'ascendant n'est pas l'héritier ordinaire de son descendant, pourquoi conclure qu'il ne sera pas son héritier exceptionnel relativement aux biens dont il l'a gratifié? On le déclarerait donc héritier quant aux biens donnés s'il avait la vocation à la succession ordinaire, et son droit anormal changerait de nature au gré du hasard?

Il peut, dit encore notre auteur, renoncer à la succession

ordinaire, dont il n'est pas un véritable héritier, quand il reprend les biens donnés.

Non, il n'est pas héritier de la succession à laquelle il renonce; mais pourquoi ne le serait-il pas de celle qu'il accepte? S'il perd la qualité d'héritier vis-à-vis de certains biens, est-ce une raison pour prétendre qu'il ne la conserve pas vis-à-vis de certains autres?

La vérité est qu'ici deux successions sont en présence, indépendantes l'une de l'autre, et susceptibles d'être dévolues à la même personne ou à deux individus différents.

Au surplus, Malleville finit par accorder que l'expression qu'il appelle impropre a de très-graves conséquences, et que l'ascendant doit respecter les aliénations et hypothèques émanées de son descendant. Malleville reconnaît donc le droit successif qu'il avait nié d'abord.

54. Du principe que le retour légalise une succession, il résulte :

1° Que l'ascendant est saisi dès le décès du *de cujus*, et que les titres exécutoires contre le défunt deviennent exécutoires contre l'ascendant (724, 877);

2° Qu'il ne peut, avant l'ouverture de la succession, y renoncer, la vendre, etc.;

3° Qu'il doit payer, aujourd'hui comme autrefois, un droit de mutation par décès, à raison des biens qu'il recueille ainsi (V. Rigaud et Championnière, t. III, n° 2495, *Des droits d'enregistrement*. Cassation, 28 déc. 1829);

4° Qu'il contribue *pro modo emolumenti* aux dettes et charges de la succession, et même *ultrà vires* en l'absence d'un inventaire [1].

M. Bilhard (n° 137, *Du bénéfice d'inventaire*) est d'un avis contraire, parce que, dit-il, la vocation de l'ascendant à la succession de son descendant ne constitue qu'une disposition à titre particulier.

Si ce raisonnement était vrai, il faudrait dire que l'ascendant n'est pas tenu de contribuer aux dettes et charges héréditaires, même pour une faible partie; car les dispositions à

[1] Les art. 904, 905 du Code de la Louisiane, et 670 du Code des Deux-Siciles, imputent expressément à l'ascendant cette obligation de contribuer aux dettes héréditaires.

titre particulier affranchissent de toute contribution ceux au profit desquels elles sont faites.

Les titres exécutoires contre le défunt seront pareillement exécutoires contre l'ascendant ; mais quelle sera la mesure de l'action des créanciers? ils ignorent la part afférente à l'ascendant, la part pour laquelle il représente le défunt[1] ?

Les créanciers seront-ils obligés de suspendre leurs poursuites jusqu'à la liquidation de la succession ?

Certains auteurs ont pensé qu'alors les créanciers pourraient, comme autrefois dans le droit coutumier relativement aux successions à certains biens, actionner les créanciers pour leur part et portion virile, c'est-à-dire pour un quart, un cinquième, suivant qu'ils seraient quatre ou cinq. D'autres veulent que les créanciers fassent abstraction de l'ascendant donateur et poursuivent les héritiers ordinaires, comme si ceux-ci appréhendaient à eux seuls toute la succession, sauf, bien entendu, le recours postérieur de ceux-ci contre l'ascendant.

Ces deux systèmes violent également le principe fondamental et absolu de l'article 1220, en vertu duquel les héritiers ne doivent payer les dettes que pour la part dont ils sont tenus comme représentant le défunt.

Pourquoi ressusciter le vieux système coutumier sur la division des dettes que l'article 873 de notre Code a rappelé par mégarde?

Ou cet article pose une règle exacte, et il faut alors maintenir ses termes ; ou il énonce un principe devenu faux aujourd'hui, et alors il faut le corriger sans restriction, sans vouloir prétendre l'appliquer à certaines hypothèses.

Notre conclusion est que les créanciers actionneront l'ascendant comme tout autre héritier, et que le défendeur assigné pourra demander un délai, afin de mettre en cause ses cohéritiers, et faire fixer ensuite, au moyen d'une liquidation, la part contributoire de chacun (1225).

55. Jusqu'ici nous avons vu la succession des ascendants relever du droit commun ; elle s'en sépare sous d'autres rapports :

[1] L'opinion de M. Bilhard est aussi celle de MM. Zachariæ, Aubry et Rau, t. IV, § 610 *bis*, et de M. Duranton, qui avait primitivement suivi le système contraire.

1° Elle recherche l'origine des biens ;

2° Elle n'admet pas la représentation. Le fils de l'aïeul donateur n'exerce point le retour légal, à moins que le droit ne soit ouvert dans la personne de son auteur (781) ;

3° Elle a lieu *in re singulari*, ce qui devrait exclure la contribution aux dettes : la loi en a décidé autrement (arg. de l'article 351).

On a pourtant essayé de justifier cette contribution aux dettes par les principes ordinaires ; on a dit que les biens donnés, formant dans la succession du défunt une sorte de patrimoine distinct des biens ordinaires, constituaient une part de l'universalité, comme autrefois les propres, comme aujourd'hui les meubles et immeubles. Cela posé, on en a conclu que chaque part de l'universalité devait supporter proportionnellement les charges.

Cette théorie me paraît plus ingénieuse que vraie : une part de l'universalité est, comme l'universalité elle-même, mobile, changeante, susceptible d'accroissement et de diminution. Est-ce que la masse des biens donnés présente ce caractère ? Non, elle est irrévocablement déterminée ; elle se compose de biens individuellement connus et constatés dans l'acte de donation. Ce n'est donc point une part de l'universalité dans le sens légal du mot.

J'aime mieux dire que la loi a dérogé aux règles normales en faveur de l'équité : souvent, en effet, les biens donnés constituent la totalité ou la majeure partie de la fortune de l'ascendant, et il eût été inique de voir celui-ci l'absorber ou à peu près, sans participer à l'acquittement de ses charges.

4° La succession anormale bouleverse l'ordre ordinaire dans lequel les successions sont dévolues.

Ainsi le grand-père succède, à l'exclusion du père, de la mère, des frères, sœurs ou autres collatéraux du défunt, aux choses qu'il a données à son petit-fils.

Il succède *à l'exclusion de tous*, excepté les descendants du donataire.

Il exerce en quelque sorte un préciput successoral, comme le faisait remarquer Domat, et tant qu'il n'agit qu'en qualité d'ascendant donateur, il n'a de cohéritiers que sous le rapport de la contribution aux dettes et charges de la succession. Sous tous les autres rapports, il est comme étranger aux héritiers ordinaires ; il ne fait point de partage avec eux, ce qui rend tout à fait inapplicable de part et d'autre l'article 841 sur le retrait successoral ; il opère un prélèvement de biens donnés ; il ne doit pas plus la garantie des lots qu'elle ne lui est due : seulement, on conçoit qu'une éviction, de quelque côté qu'elle se produisît, déplacerait les bases de la contribution aux charges héréditaires.

L'ascendant ne doit point le rapport, aux héritiers ordinaires, à une succession à laquelle il n'est point appelé, il ne serait soumis qu'à la réduction s'il avait reçu des libéralités excessives.

En revanche, il ne peut exiger le rapport des héritiers ordinaires : en effet, ou le bien rapporté serait un bien qu'il n'a pas donné, et à quel titre pourrait-il le reprendre? ou ce serait le bien donné par l'ascendant, et alors le retour serait éteint, puisque le défunt aurait disposé de l'objet qu'il tenait de son ascendant.

Quant à l'accroissement, il ne faut pas en parler davantage; qu'importe à l'ascendant la renonciation d'un héritier ordinaire. Celui-ci abandonnera des biens de la succession régulière qui sont à l'abri du retour : seulement, cette renonciation pourrait quelquefois avoir pour effet de donner accès à l'ascendant à la succession ordinaire ; mais ses droits d'ascendant donateur n'en recevraient aucune modification.

Il faut ajouter encore que la renonciation de l'ascendant à son droit confondrait les biens donnés dans la masse de l'hérédité ordinaire.

L'accroissement n'aurait pas même lieu au cas où il s'agirait de deux codonateurs dans le même acte, de deux époux, par exemple, qui auraient conjointement doté leur enfant : il ne faut jamais, en effet, que l'ascendant succède à *ce qu'il n'a pas donné*.

56. Après le prélèvement de l'ascendant donateur, le reliquat du patrimoine se partage conformément aux règles accoutumées, de telle sorte que si l'ascendant donateur est aussi un héritier ordinaire, il reçoit sa part : il est alors appelé à deux successions distinctes l'une de l'autre; il peut répudier l'une,

accepter l'autre, sans qu'on puisse lui opposer la maxime *hereditas pro parte non adiri potest.*

Au premier abord, on n'aperçoit pas l'intérêt qu'aurait l'ascendant à scinder ainsi ses droits, car les deux successions sont grevées d'une part de passif correspondante à leur actif; l'une n'est donc pas meilleure que l'autre. L'ascendant, a-t-on dit, attache peut-être un prix d'affection aux biens qui viennent de lui, il tient à les conserver, quelques sacrifices que lui coûte leur possession.

Chabot a dit encore : « L'ascendant, après avoir demandé la réversion, reconnait que la succession est plus qu'absorbée par les dettes et charges, il veut, en conséquence, afin d'éviter un préjudice plus grand, renoncer à la succession ordinaire. »

Enfin, M. Duranton a ajouté que l'ascendant se dérobait, en répudiant la succession ordinaire, à l'obligation de rapporter ce qu'il aurait reçu du donataire sous clause de préciput.

57. Enfin, la succession anomale modifie les règles ordinaires sur la réserve.

Ici se présentent de graves difficultés sur la théorie de la réserve dans ses rapports avec l'art. 747.

Après bien des doutes et des perplexités, voici le système auquel je crois devoir m'arrêter.

1° Il ne faut point se préoccuper, dans la fixation de la quotité disponible, de la composition du patrimoine. Les biens donnés sont, comme les biens d'autre origine, la propriété entière du défunt; ils concourent à former la masse héréditaire une et indivisible à l'égard des légataires.

2° La réserve ne grèvera jamais la succession anomale, car celle-ci n'existe qu'à défaut de libéralités qui l'absorbent.

Mais si les biens donnés ont été aliénés à titre gratuit par le défunt, ils deviendront alors l'objet d'une réserve absolument comme les autres biens du défunt; ils se joindront à ces derniers et constitueront avec eux la masse sur laquelle se calculera la réserve.

3° Les biens donnés qui se retrouveront en nature ne seront jamais affectés à la formation ou au complément de la réserve de l'ascendant non donateur.

La réserve, en effet, est une portion indisponible d'une succession; elle ne peut donc être dévolue qu'à ceux qui sont appelés à cette succession. Or, l'ascendant non donateur n'est point appelé à la succession anomale; donc il n'a pas de réserve à réclamer sur cette succession.

4° Tout legs de corps certain frappe la masse de biens à laquelle appartient ce corps certain. Le bien donné est alors défalqué de l'hérédité, et, dans ce cas, il ne se présente aucune question de contribution.

Mais s'il s'agit d'un legs de somme d'argent ou de quotité disponible, alors l'ascendant donateur contribue à son acquittement *pro modo emolumenti* (767, 870.)

58. Développons ces diverses propositions, et faisons ressortir par des exemples les divers principes qu'elles énoncent.

Paul meurt sans frère ni sœurs, ni descendants d'eux, il laisse son père, sa mère et un aïeul paternel duquel il avait reçu un immeuble de 90,000 fr.

Cet immeuble se retrouve en nature dans la succession du *de cujus* avec 10,000 fr. de biens ordinaires.

Si le défunt était mort *intestat*, nous donnerions à l'aïeul l'immeuble de 90,000 fr., au père et à la mère les biens ordinaires partagés par moitié.

Si l'immeuble donné composait toute la succession, le grand-père aurait tout, les père et mère rien.

L'art. 747 déroge donc à l'art. 922 qui calcule la réserve sur tous les biens du défunt.

Comment en douter, en présence des expressions si formelles, si illimitées de l'art. 747 : les ascendants succèdent à l'exclusion de tous autres ; or, ils ne succéderaient pas à l'exclusion de tous autres s'il était possible que les père et mère recourussent aux biens donnés existant en nature pour parfaire ou former leur réserve. L'art. 915 ajoute *in fine* que les ascendants ont leur réserve dans l'ordre où ils sont appelés à succéder; or, ici ils ne succèdent pas aux biens donnés, donc ils n'ont pas de réserve à réclamer sur ces biens.

Enfin, je dirais qu'aux termes de l'art. 747, le retour disparaît en face d'une disposition entre-vifs ou testamentaire ; or, ce serait créer une cause nouvelle d'extension de ce droit que de prétendre que la réserve d'autres ascendants peut l'entamer ou le défaire.

Non! les biens donnés entrent dans le patrimoine du

donataire grevés d'une réversion éventuelle, la réserve ne les grève qu'en seconde ligne.

Si la réversion devient impossible par l'aliénation gratuite des biens qui pouvaient y être soumis alors, mais seulement alors, la réserve apparaît.

Ainsi, supposons qu'au lieu de mourir *intestat*, Paul a disposé de l'immeuble donné, ou, ce qui revient au même, qu'il ait donné tous ses biens, alors l'ascendant donateur ne peut plus prétendre à une succession anomale, elle s'est évanouie, le retour devient impossible par l'absence d'une des conditions nécessaires à son exercice. Les règles ordinaires sur la dévolution des successions reprennent leur empire et la réserve des père et mère se calculera sur tous les biens du défunt. Elle sera dans l'espèce de 25,000 pour le père et de pareille somme pour la mère; ils redemanderont au légataire de l'immeuble 40,000 fr., ou au légataire universel 50,000 fr. Tout se passe alors comme si le donateur eût renoncé à son droit ou n'eût pas survécu au donataire.

Le premier auteur qui ait contredit cette doctrine est Massé, l'auteur du *Parfait Notaire*, Grenier seul a osé le suivre.

Ces deux interprètes ne se sont même pas contentés du chiffre ordinaire de la réserve et ont fixé celle qu'ils créaient à la moitié des biens, et cela parce que l'ascendant donateur représente les deux lignes. Ainsi, dans notre espèce, l'ascendant donateur demanderait au légataire 40,000 fr., et les père et mère calculeraient leur réserve sur la succession ordinaire 10,000 fr., soit 2,500 fr. pour chacun.

Avec cette théorie, il n'est plus vrai de dire que l'ascendant succède aux choses qui se retrouvent en nature dans la succession; il pourra les rechercher entre les mains des tiers, il sera toujours sûr de ne jamais perdre plus de la moitié des biens qu'il a donnés : cette moitié sera en quelque sorte soumise à un retour conventionnel.

Ensuite, est-il juste de fixer la réserve à une moitié? Est-ce que le législateur ne fait pas en cette matière abstraction du principe de la division en deux lignes, pour considérer uniquement la qualité du donateur dans l'ascendant?

Qu'importe, d'ailleurs, qu'on dise : L'ascendant est nécessairement seul, il doit donc représenter les deux lignes? Est-ce que, dans la succession ordinaire, l'ascendant que le défaut de parents dans une ligne opposée à la sienne appelle à la succession tout entière a droit à une réserve de moitié? Il pourrait dire cependant avec autant de raison que l'ascendant donateur : Je représente ma ligne et la ligne absente.

59. Maintenant prenons un exemple inverse du précédent. Au lieu de léguer l'immeuble de 90,000 fr., Paul a légué les biens ordinaires dont la valeur s'élève à 10,000 fr. L'ascendant reprend, le texte de l'art. 747 à la main, l'immeuble qui se retrouve en nature ; les legs, étant bien inférieurs à la quotité disponible, doivent être maintenus intacts. Quant aux ascendants non donateurs, au père et à la mère dans notre espèce, où trouveront-ils leur réserve, soit qu'ils s'adressent à l'ascendant, soit qu'ils s'adressent au légataire? ils seront repoussés au nom de textes précis.

Seront-ils donc dépouillés de leur réserve? Eh bien, oui, je le crois fermement.

Les légataires ne doivent point souffrir de la composition hétérogène du patrimoine, et il serait souverainement inique d'aller leur enlever une libéralité de beaucoup inférieure à celle dont la loi permettait de les gratifier. Les réservataires ne sont préférables qu'aux légataires en faveur desquelsl a quotité disponible a été excédée.

Et la quotité disponible, nous le répétons, serait ici de la moitié des biens, aux termes de l'art. 922, dont l'application doit être générale et absolue.

Les ascendants non donateurs ne réussiront pas davantage auprès de l'ascendant donateur, qui leur répondra péremptoirement : Vous n'avez pas de réserve à prétendre sur des biens à la succession desquels vous n'êtes pas appelés.

Et d'ailleurs, en l'absence de toute disposition testamentaire, l'art. 915 ne s'applique pas ; car les descendants ordinaires n'auraient dans notre espèce que 5,000 fr. chacun, c'est-à-dire une somme inférieure à la réserve calculée sur tous les biens, ainsi que le veut cet article.

Il faut donc reconnaître que si l'art. 915 est susceptible d'être amoindri par l'art 747, il est susceptible aussi d'être annulé par ce même article.

Ce résultat est peut-être choquant, il a pu échapper aux prévisions du législateur, mais il faut néanmoins l'accepter : il me paraît être celui auquel conduit le rapprochement des art. 747, 915 et 922.

60. Du reste, les systèmes qu'on a proposés constituent tous une violation plus ou moins flagrante de la loi. Le nôtre, nous dira-t-on, viole l'art. 915 en refusant leur réserve au père et à la mère. Nous répondons que l'art. 915 est vainement invoqué ici, car il s'efface au contact de l'art. 747.

Et certes, si la succession se composait tout entière de biens donnés, de l'aveu général, les ascendants n'auraient pas de réserve.

On voit donc que l'art. 747 restreint et même empêche l'application de l'art. 915.

Parcourons rapidement les divers systèmes imaginés par les auteurs.

MM. Vazeille et Marcadé veulent que le légataire fournisse au père et à la mère leur réserve calculée sur le pied de la succession ordinaire, dans notre exemple, de 10,000 fr.

Cette doctrine viole l'art. 922, auquel on ne peut nous montrer nulle part écrite une exception.

On dit bien : Il y a deux successions dont la quotité disponible se calcule séparément ; les légataires ont reçu les biens de la succession ordinaire, ils ne doivent donc prendre dans cette succession que la quotité disponible. Cette fiction de deux successions, que j'ai déjà constatée précédemment, n'existe que dans les rapports des héritiers entre eux ; et encore, en ce qui concerne la contribution aux dettes et aux legs, elle s'évanouit : elle disparaît à plus forte raison à l'égard des légataires pour lesquels le patrimoine est un. M. Duranton sacrifie aussi les légataires, en disant avec une certaine défiance de sa solution : On feint par rapport au père du donataire que les biens donnés n'ont été que transitoirement dans le patrimoine de celui-ci, comme ils y auraient été si la donation eût été faite avec stipulation de retour et que la condition résolutoire se fût réalisée.

D'où il suit, qu'à l'égard du père du donataire le patrimoine se compose seulement des biens ordinaires sur lesquels se calcule la réserve.

Mais M. Duranton avoue lui-même que raisonner ainsi c'est

assimiler le retour légal au retour conventionnel, tandis qu'au contraire il est vrai de dire que les biens donnés font aussi incontestablement partie du patrimoine du donataire que les biens d'autre origine.

MM. Zachariæ, Aubry et Rau n'inquiètent pas les légataires, mais ils s'adressent à l'ascendant donateur, et ils lui disent : Les biens que vous reprenez doivent contribuer aux charges de la succession au prorata de leur valeur, de sorte que vous, qui reprenez un immeuble de 90,000 fr., c'est-à-dire les neuf dixièmes de la succession, vous devez contribuer pour 9,000 f. au payement du legs, et moi je supporterai l'autre dixième.

Ce résultat serait acceptable s'il s'agissait de legs de sommes d'argent ; mais nous raisonnons dans l'hypothèse que le legs a pour objet un corps certain, et il est impossible que l'héritier des biens donnés acquitte une donation ou un legs fait en biens d'une autre espèce.

Pour la donation, la fausseté de ce système est palpable, le bien est sorti du patrimoine du descendant donataire du vivant de celui-ci ; comment devrait-il supporter rétrospectivement cette donation antérieurement consommée.

Pour les legs, tous les auteurs enseignent que lorsqu'ils ont pour objet des corps certains, ils doivent être acquittés par les héritiers de la classe des biens à laquelle appartiennent les corps certains.

En outre, ce système viole évidemment l'art. 747 en amoindrissant le préciput successoral de l'ascendant.

61. Si nous supposons enfin que le donataire a disposé partiellement à la fois des biens donnés et des biens ordinaires, il faudra voir si la quotité disponible n'a point été dépassée, et dans le cas de l'affirmative attribuer ce qui serait obtenu de l'un et l'autre espèce de biens par la réduction aux père et mère, qui reprendront, en outre, ce qui resterait de biens ordinaires dans la succession.

62. Arrivons maintenant au cas où le donataire a tout simplement légué une somme d'argent : ici le système de contribution de MM. Zachariæ, Aubry et Rau devient parfaitement applicable. Nous avons toujours un aïeul paternel, le père, la mère, un immeuble de 90,000 fr. et 10,000 fr. de biens ordinaires : il y a un legs de 20,000 fr. ; il est à la charge de la

succession, et chaque héritier doit le payer proportionnellement à sa part héréditaire ; alors, on dira : l'ascendant donateur prend 90,000 fr., c'est-à-dire les neuf dixièmes de la succession, il payera les neuf dixièmes du legs, soit 18,000 fr. Le père et la mère prennent chacun un vingtième, ils payeront deux vingtièmes du legs, soit l'autre dixième, 2,000 fr. Si Paul avait légué la quotité disponible, ces calculs subsisteraient, le montant de la contribution varierait seul.

Si nous supposons la quotité disponible dépassée, par exemple un legs de 80,000 fr., ce legs est réductible à 50,000 fr. Mais à qui profitera la réduction ? Au père et à la mère : les 30,000 fr. sont tombés dans la succession ordinaire, et, dès lors, le père et la mère y ont seuls droit. Et notons que le grand-père ne peut se plaindre : le legs est pleinement valable contre lui.

63. Jusqu'ici, nous avons supposé l'ascendant donateur exclu de la succession ordinaire : supposons maintenant qu'il soit appelé ; c'est un père qui survit à son fils : le défunt laisse, en outre, sa mère, et ni frères ni sœurs.

Sa fortune consiste en l'immeuble de 90,000 fr., qu'il a reçu de son père, et 10,000 fr. de biens quelconques. Le défunt meurt *intestat*, le père a 90,000 + 5,000 fr., la mère 5,000 fr. seulement.

Mais Primus a légué tous ses biens ; nous le savons, le retour légal a perdu sa raison d'être. Le père et la mère ont désormais des droits identiques ; ils obtiendront une réduction de 50,000 fr., qu'ils se partageront.

M. Marcadé liquide autrement les droits des intéressés ; il soutient, ce qui est vrai en principe, que l'ascendant donateur n'a pas, en cette qualité, de réserve à réclamer sur les biens donnés ; et il arrive à dire que les 90,000 fr. étaient disponibles en entier, et que la réserve était dans notre espèce de 5,000 fr., c'est-à-dire tout simplement la réserve des biens ordinaires : nous arrivons alors à une quotité disponible monstrueuse, 95,000 fr. sur 100,000 fr., et même 100,000 fr. sur 100,000 fr, si le patrimoine ne se composait que de biens donnés.

Il est vrai que M. Marcadé dit qu'alors l'ascendant passera sous silence sa qualité de donateur et fera valoir exclusivement son titre d'héritier ordinaire.

Mais cette ressource serait refusée à l'ascendant si le donataire avait déclaré léguer sa quotité disponible.

64. D'autres auteurs, Toullier, Belost-Jolimont, ont bien reconnu à l'ascendant une réserve sur les biens donnés que le donataire aurait aliénés à titre gratuit; mais ils ont voulu la lui accorder à l'encontre des ascendants ordinaires, de la mère, dans notre espèce; celle-ci, ont-ils dit, n'a rien à prétendre sur les biens donnés, soit que le donataire les ait laissés dans sa succession, soit qu'il en ait disposé.

Ainsi les auteurs dont nous parlons calculent la réserve de l'ascendant donateur sur les biens donnés et sur les biens ordinaires, et celle de l'ascendant non donateur sur les biens ordinaires seulement; mais précisément, encore une fois, l'aliénation des biens les a fait rentrer dans la succession ordinaire, et le père ne peut plus parler de retour, puisque les biens n'existent plus en nature dans la succession du donataire.

Et, d'ailleurs, ce système est condamné par ses propres conséquences; il crée une quotité disponible excessive. C'est bien clair : les biens donnés malgré la présence de deux ascendants ne sont grevés que d'une réserve d'un quart; dans notre espèce, cette quotité disponible serait de 50,000 francs, plus les 22,500 fr. que l'on refuse à la mère.

Il est vrai que Grenier ramène la quotité disponible à son chiffre légal, en attribuant à l'ascendant une réserve de moitié.

Mais nous avons déjà essayé de démontrer l'inadmissibilité de cette fixation de la réserve à la moitié.

65. Les questions que nous avons examinées au cas où l'ascendant donateur est exclu de la succession ordinaire et où il a disposé des biens ordinaires, sans disposer en totalité, du moins, des biens donnés, se représentent ici et doivent recevoir la même solution : la quotité disponible sera calculée sur la totalité de l'hérédité, et l'ascendant non donateur devra perdre sa réserve s'il se trouve entre des légataires, gratifiés dans la mesure légale, d'une part, et un ascendant donateur qui retrouve l'objet de sa libéralité, d'autre part. Quant à la partie des biens donnés qui rentrera dans le patrimoine héréditaire par la voie de la réduction, elle devra être également dévolue au père et à la mère, dans notre espèce.

66. On conçoit que, dans notre opinion, ne s'élève point là question qu'examinent les auteurs, de savoir si l'ascendant donateur est tenu d'imputer sur sa réserve ce qu'il prend dans les biens donnés.

Cette imputation sera forcée, dans les rapports du donateur et du légataire.

Soient 20,000 fr. de biens donnés, et 60,000 fr. pour le surplus des biens. Le fils a disposé des 60,000 fr. La réserve du père, seul réservataire, est de 20,000 fr. Il la trouve en biens donnés, il doit s'en contenter; s'il venait, comme héritier ordinaire, prendre à titre de réserve un quart dans le surplus des biens, il entamerait la quotité disponible.

Mais, vis-à-vis des ascendants et des collatéraux avec lesquels il serait en concours, il prendra très-bien sa part dans la succession ordinaire, indépendamment de celle qu'il a recueillie dans la succession anomale.

67. Il ne nous reste plus qu'à supposer, comme nous l'avons fait pour le cas où l'ascendant donateur était exclu de la succession ordinaire, que le défunt a tout simplement légué des sommes d'argent: 20,000 fr., par exemple: Comme le père prend l'immeuble de 90,000 francs (nous conservons toujours les mêmes chiffres), plus 5,000 fr. de biens ordinaires, c'est-à-dire les quatre-vingt-quinze centièmes ou les dix-neuf vingtièmes de la succession, il payera les dix-neuf vingtièmes du legs, soit 19,000 fr.; l'autre vingtième, 1,000 fr., sera payé par le mari.

68. Si le legs était de la quotité disponible, il serait toujours respectivement acquitté par le père et la mère dans la mesure de leur part héréditaire.

69. Si le legs excédait la quotité disponible, s'il s'élevait, par exemple à 80,000 francs, alors il y aurait une réduction de 30,000 francs dont le père ne pourrait pas profiter seul, car il ne pourrait justifier cette prétenton qu'en invoquant sa qualité d'ascendant donateur. Or, précisément cette qualité a disparu à la suite des dispositions entre-vifs ou testamentaires du donataire.

Alors les 30,000 fr. seront reversés dans la caisse de succession ordinaire et partagés entre le père et la mère, de sorte que le règlement définitif donnera:

1° Au père, 95,000 fr. — 47,500 fr. qu'il aura à donner au

légataire — 15,000 fr. qui forment la moitié de l'excédant du legs, moitié qu'il aura dû abandonner à la mère : soit 32,500 fr.;

2° A la mère, 5,000 fr. — 2,500 fr. qu'elle aura dû donner au légataire + 15,000 fr. qu'elle aura reçus comme sa part dans l'excédant du legs : soit 17,500 fr.

3° Au légataire, 50,000 fr.

FIN.

POSITIONS.

DROIT ROMAIN.

I. La fille de famille pouvait s'obliger civilement comme le fils de famille.

II. La divergence de la loi 50 pr., *De peculio* D. d'une part et de la loi 30 *De peculio* D., et 7, § 15, *Quibus ex causis in possess. eatur* D. d'autre part, n'implique pas nécessairement un dissentiment doctrinal entre Papinien et Ulpien.

III. Le père héritier d'un créancier de son fils devait, dans le calcul de la falcidie, imputer sur l'actif héréditaire les valeurs que l'action *de peculio* eût absorbées; mais à quelle époque devait-il considérer la consistance du pécule? Était-ce à l'époque de la mort du *de cujus*; était-ce à celle de l'adition d'hérédité? Les jurisconsultes étaient divisés sur la question, et il n'y a pas à concilier les textes dissidents.

IV. Le pécule quasi-castrense n'était point connu au temps des jurisconsultes classiques, et les textes du Digeste qui le mentionnent sont altérés.

V. Sous Justinien, les pécules castrense et quasi-castrense sont, après le décès du fils intestat, dévolus à son père *jure communi*, c'est-à-dire *jure hereditario* et non *jure peculii*.

VI. La dot profectice retourne au père si la fille meurt dans le mariage, soit qu'elle fût au moment de son décès sous la puissance paternelle, soit qu'elle fût émancipée.

VII. Les lois 79 *De jure dotium* D., et 6 *De collat.* D. ne sont point inconciliables.

VIII. Dans les actions arbitraires, l'exécution du *jussus* du juge manu-militaire était déjà possible au temps des jurisconsultes classiques, pourvu, toutefois, qu'elle ne rencontrât pas un obstacle de fait.

IX. Le possesseur de bonne foi n'était point tenu, du temps de la jurisprudence classique, de restituer les fruits qu'il n'avait pas consommés.

X. Dans le cas où le juge reconnaissait que le défendeur à une action en revendication avait accompli l'usucapion et où il lui ordonnait de retransférer la propriété au demandeur, celui-ci, malgré sa bonne foi, ne trouvait pas dans la sentence du juge une *justa causa usucapiendi*.

DROIT FRANÇAIS.

I. L'ascendant naturel n'exerce point le retour des biens qu'il a donnés à son enfant naturel.

II. La présence d'un enfant naturel du donataire ne fait point obstacle à l'exercice intégral du retour successoral.

III. L'ascendant donateur ne reprend point les choses données dans la succession des descendants du donataire mort sans postérité.

IV. L'ascendant ne reprend point la chose acquise en échange de l'objet donné.

V. Il ne reprend point indistinctement une somme d'argent à la place de celle qu'il a donnée.

VI. Il ne reprend point le bien donné, si ce bien, après avoir été aliéné valablement, est rentré dans le patrimoine du donataire par achat, donation, succession ou autrement.

VII. Il doit aux héritiers du donataire une indemnité à raison des améliorations qu'a reçues la chose donnée.

VIII. Les biens donnés qui se retrouvent en nature dans la succession du donataire ne servent point à former ou à compléter la réserve des ascendants non donateurs.

Ceux-ci ne peuvent inquiéter les légataires ou donataires, si la quotité disponible, calculée sur tous les biens du défunt, n'a point été excédée.

Les legs de quantité doivent être acquittés par l'ascendant donateur proportionnellement à son émolument.

IX. Ce n'est point à titre de propriétaire, mais bien comme simple créancière que la femme acceptante ou renonçante exerce ses reprises sur les biens de la communauté.

X. La femme mariée qui n'a pas fait inscrire son hypothèque légale dans les délais de la purge perd à la fois son droit de suite sur l'immeuble et son droit de préférence sur le prix.

XI. Est nulle et ne donne aucune action en justice la convention par laquelle un individu, s'engageant à employer ses soins et ses démarches pour un mariage, stipule, en retour, une rémunération subordonnée à la condition du succès, et calculée sur l'importance du résultat.

XII. Les légataires universels et à titre universel, qu'ils soient ou non en concours avec des héritiers à réserve, ne sont point tenus des dettes *ultrà vires emolumenti*.

DROIT CRIMINEL.

I. La publication ou reproduction de fausses nouvelles par la parole n'est punissable, aux termes du décret organique sur la presse du 17 février 1852, qu'autant que la publication ou reproduction orale ont eu lieu par l'un des moyens énoncés en l'art. 1 de la loi du 17 mai 1819, c'est-à-dire ont été proférées publiquement.

II. L'appel *à minima* interjeté par le ministère public, en matière de simple police ou de police correctionnelle, autorise les juges, soit à diminuer la peine, soit même à acquitter le prévenu, qui n'a pas, de son côté, interjeté appel.

III. Le ministère public n'a pas le droit d'assister au rapport que le juge d'instruction fait dans la Chambre du Conseil, en exécution de l'art. 127 du Code d'instruction criminelle.

DROIT INTERNATIONAL.

I. Les tribunaux français ne peuvent point, en vertu de l'art. 11 du Code civil, refuser à l'étranger, résidant en France, sans autorisation d'y établir son domicile, des dommages et intérêts contre le Français usurpateur de sa marque de fabrique.

II. Le blocus ne doit être respecté par les neutres qu'autant que la nation ennemie est à même d'empêcher tout débarquement sur les côtes.

HISTOIRE DU DROIT.

I. Les origines de la communauté se placent dans le droit germanique, d'où elle a passé dans le droit coutumier.

II. Le douaire est issu de la dot germanique et du morgengabe.

Vu par le président de la Thèse,
ROUSTAIN.

Vu par le doyen de la Faculté,
A. PELLAT.

Permis d'imprimer :
Le vice-recteur, CAYX.

www.ingramcontent.com/pod-product-compliance
Lightning Source LLC
LaVergne TN
LVHW020424230826
846091LV00004B/1401

9782016200155